品成

阅读经典 品味成长

你陪我长大，
我陪你变老

[日]岸见一郎◎著　　　宋刚　夏亦萌◎译

人民邮电出版社

北京

图书在版编目（CIP）数据

你陪我长大，我陪你变老 / （日）岸见一郎著；宋刚，夏亦萌译. -- 北京 : 人民邮电出版社，2024.
ISBN 978-7-115-65625-4

Ⅰ . C913.11

中国国家版本馆 CIP 数据核字第 2024X06J61 号

版 权 声 明

◆ 著　　　　［日］岸见一郎
　 译　　　　宋　刚　夏亦萌
　 责任编辑　孙　睿
　 责任印制　陈　犇

◆ 人民邮电出版社出版发行　　北京市丰台区成寿寺路 11 号
　 邮编 100164　　电子邮件 315@ptpress.com.cn
　 网址 https://www.ptpress.com.cn
　 文畅阁印刷有限公司印刷

◆ 开本：787×1092　1/32
　 印张：5.875　　　　　　　　　　2024 年 11 月第 1 版
　 字数：74 千字　　　　　　　　　2024 年 11 月河北第 1 次印刷

著作权合同登记号　图字：01-2024-3932 号

定价：45.00 元

读者服务热线： （010）81055671　印装质量热线： （010）81055316
反盗版热线： （010）81055315

广告经营许可证：京东市监广登字 20170147 号

　　走进书店，育儿主题的图书琳琅满目，从母婴护理、健康饮食，到教育方法、行为管理，可谓一应俱全。岸见一郎先生在本书开篇一问便发人深思：你想过怎样与年迈的父母相处吗？

　　孩童代表黎明与希望，年迈的父母在我们的心中是否已经日薄西山，不值得问津了呢？

　　对于作者的提问，或许我们的心中早已有了一个标准答案，那就是"孝顺"二字。《孝经》写道："夫孝，天之经也，地之义也，民之行也。"如此天经地义之事，已经深深融入了我们的血脉，以至于提起年迈的父母，我们可以立刻联想到这两个字。

何为"孝顺"？《尔雅》有言："善父母为孝。"可是，除了奉养、尊敬、服从，我们又能从哪些方面"善父母"呢？本书为今天的子女们提供了具体的参考，概括成一句话，即"对纵向关系的否定"。

相信很多人早已构建起系统的育儿体系，却很少思考怎样面对父母。也许这本身就是纵向关系的一种体现。

有多少家庭陷入这样一种奇怪的循环：孩子小的时候，父母逼迫和干涉孩子，迫使孩子活在"听话"的魔咒中；父母老去后，孩子控制父母，决定他们的生活，限制他们的选择……尽管我们张口闭口都是"为了你好"，但我们的行为中却蕴含着一种不道德感。无论作为孩子还是父母，我们似乎也习以为常，无法对以"爱"之名的越界行为勇敢说"不"。

每个人的人生都有属于自己的课题。正如作者所言，我们要时刻意识到："这是你的课题，不是我的。"将属于个人的课题还给个人，等同于将属于个人的权力还给个人。"课题分离"式思维，尤其适用于亲子关系。

世上所有的爱都指向亲密，唯有父母对孩子的爱指向分离。

人之父母，重要的任务之一就是培养孩子的独立人格，将完全可以独立的孩子送出家庭。反之，父母的独立人格也理应得到孩子的尊重。只有当父母和孩子都专注于属于自己的课题时，才会关注到自己心底的感受与需求。这才是双方乐见的结果。

无法做到课题分离的原因之一是信任的缺失。我们不相信对方有能力处理自己的课题，不相信事态会朝着好的方向发展，所以才会肆意干涉，妄图对孩子或父母加以控制。

如果没有就课题划分达成一致，双方就会陷入权力斗争之中。无论父母还是孩子，都会通过让自己变得"正确而强大"来捍卫自我。

以"胜利"为目标的斗争，必然以"两败俱伤"的悲剧收尾。我们应该清楚，情绪的感受并非客观的事实。有时，目的比事实更为重要。作者在本书中多次提到，面对罹患阿尔兹海默病的父亲时，无论事实如何，都已经不再重要。更需要珍视的是父亲的真实感受，这才是维系父子关系时双方都要面对的"共同课题"。

人们常说，患有阿兹海默症的老人是"被时光遗忘的人"，他们像是留在了孩提时代。随着父母的老去，父母与子女的权力关系逐渐发生倒置，一切又回到了小时候似曾相识的场景。如此看来，所谓"理想的孩子"和"理想的父母"其实都不过是基于某种权力关系的想象罢了。作者极力反对这种身份设定，他希望我们摘下角色的"面具"，以普通个体的身份与父母或子女相处。

如果有一天，我们不再站在权力的制高点谈论"育儿"和"养老"，才可能真正践行"横向关系"。

有一天，我看到了父亲年轻时拍的照片。父亲很喜欢拍照，他的相册里都是风景照，却很少有全家福。如今，每逢节假日我也会带着相机出门，拍摄花卉、蝴蝶、小鸟等自然事物，也许是无形中受到了父亲的影响吧。

父亲拍的照片中，有一张是关于我的。那是在上小学前，我和父亲一起出去玩时拍的照片。后来，我和父亲的关系逐渐变得紧张。每当看到那张照片，我仍然会回想起当时的兴奋与幸福。

后来，我在因过劳卧病在床，抑或辛勤照顾父母时，都会时常想起儿时的快乐时光。

在人际交往中，我们必定会被人喜欢或讨厌，有人便因此选择一个人生活，不与任何人来往。然而，尽管人际关系是不快乐的根源，但脱离了人际关系，我们就无法体验到生活的喜悦与幸福。工作的成功并非人生的目标，人们不是为了工作而生活，而是为了生活而工作。如果感受不到幸福，工作也就失去了意义。

与此同时，父母年岁渐长，逐渐衰老。他们开始遗忘过去的事。作为孩子，我们不能对他们弃而不顾。对孩子而言，接受父母老去的现状是很难的，但如果不接受，就无法与父母和谐相处。

父母甚至可能会忘记自己的孩子。在父母年轻时，孩子们就需要考虑，如果父母年老后不再宠爱自己了，该怎么办。那些从小与父母关系不好的孩子自不用说，即使是曾被父母宠爱的孩子，也不得不思考这个问题。

很多年前，四十九岁的母亲因脑梗去世，留下了我和父亲。父亲很长寿，晚年因阿尔茨海默病离世。

我是学哲学专业的，目前正致力于柏拉图翻译问题的研究。年轻时，我接触到了阿德勒心理学，并开始了相关研究。于我而言，对哲学和心理学的研究不仅仅是学术研究，更是在与孩子们的日常交往中不断试错，不断学习的过程。

当时，父亲一个人住在横滨。偶尔回家时，他发现我与孩子们的关系与他预期的大相径庭。他感到不解，也曾希望我做出改变。

当我开始照顾父亲后，我意识到：在与孩子相处过程中习得的阿德勒心理学使我与父亲的相处变得更为容易。

回想起来，早逝的母亲对阿德勒心理学一无所知，但她始终以平等的姿态与孩子们相处。学习了阿德勒心理学后，我才豁然开朗。我竟在不知不觉间从母亲那里学会了如何与他人建立关系，如何生活。但是，如果我的父母读到这本书，他们可能会嘲笑我，不理解我在说什么。

在这本书中，我将以照顾父母的经历为主线，探讨如何建立良好的亲子关系，以及在照顾病人时应注意的问题。此外，我还会基于照顾父母的体会，和大家讨论如何过上更好的生活。

目录

第二章
接受现实才能有效陪伴

终章
享受此时此刻

第一章

父母教给我的"人生意义"

母亲说"这孩子做什么都是对的"

母亲告诉我,她曾经是想上大学的,但身为女孩,在父母的强烈反对下,最终还是没上大学,去了一所正向新制高中转型的旧制女校。

因为自己的经历,母亲非常希望孩子们能接受理想的教育。初中时,母亲为我筹集了高昂的家教费用。家教老师建议我继续读高中,当时我以为家里很穷,便拒绝了。如今想来简直难以置信。为人父母后，我才明白孩子往往不了解家庭的真实经济状况，而父母也通常不会与孩子讨论这些话题。

那时候，我的家教老师在京都大学文学院学习佛教。这也许是我父母的一大失算。我的父亲是个上班族，我曾经隐约觉得长大后也会像他一样过着上班族的生活。直到遇到这位老师后，我才见识到了与父亲截然不同的生活方式。老师从公司辞职，重返大学学习佛教。我十分向往他的生活方式，并开始比以往更加努力地学习。

关于我的职业选择，母亲并未做出太多评价。但我清楚地记得她曾说过"只要不做律师就好"。她认为，我不该从事那些必须关注人生阴暗面的工作。暂且不论律师这个职业是否确如母亲所言，但我所选择的咨询师的工作显然不符合母亲的期待。

升入高中后，我深受哲学老师的影响。我的班主任在和母亲的一次谈话中建议，不要让我读哲学相关的书。母亲当时回答道："让他做自己喜欢的事情吧。"

父亲似乎一直对我的职业选择漠不关心。但当我说要主修哲学时，他却并不支持。不过，父亲并没有直接反对我，而是让母亲表示反对。我想父亲并不了解哲学是一门怎样的学问。

当父亲让母亲反对我的选择时，母亲立即回答道："这孩子做什么都是对的。我们不要干涉他，就守护他吧。"

母亲不懂哲学，但根据她自己的经验，她也许觉得大学学什么应该由孩子自己决定，而不是父母。如果父母插手此事，一旦孩子日后遇到困难，便会把责任推给父母。父母无法对孩子的一生负责。有些父母试图替孩子决定上哪所大学、找什么工作，甚至和谁结婚。在我看来，这实在难以置信。

当母亲说"这孩子做什么都是对的"时，我有些不知所措，因为事实并非如此，我当然有做得不对的事情。但我学习哲学的决心是坚定的，我很高兴母亲支持我的选择。直至今日，母亲对我的影响仍然极其深远，我也希望像她对待我那样，对待我的孩子。

父母无法对孩子的人生负责。

从病倒的母亲身上学到的"人生意义"

我和母亲同一天生日，生肖也一致，差了两轮。我们的年龄差一直保持不变。

有一天早上，我发现母亲无法挪动身体，想说话也说不出来。前一天晚上，她在女儿和女婿家里玩得很开心，很晚才回家。显然，她也感受到身体的异常，于是我们立刻带她去医院，诊断结果为脑梗。

当时，我对这种疾病一无所知，也未曾想过母亲这般年纪的人也会脑梗。之前，母亲经常抱怨头疼得厉害，但她以为这是更年期的正常现象，所以一直拒绝去医院。其实母亲年轻时身体一直都很健康，除了后来一次怀孕时不幸流产外，我从未见过她卧病在床。所以，每当母亲决定不去医院，无论周围的人怎样劝说，她都不为所动。这与父亲形成了鲜明的对比，父亲年轻时经常身体不适，经常半夜赶往医院。

母亲就诊的那家医院只有普通内科，但母亲还是住院了。入院第二天，母亲开始接受康复治疗，恢复情况良好。我曾以为她很快就能痊愈，可一个月后，她再次发病。这一次，除了采用静脉溶栓药物治疗外，别无他法。

于是，我们转院到一家设有神经外科的医院。不料转院后不久，母亲就患上了肺炎，然后便失去了意识。我每天十八小时都守在她的床边，可她已经无法回应我的任何问题。我除了呼叫护士更换点滴，以及在本子上记录她的病情外，什么也做不了。

日复一日，我始终在思考：人类的幸福到底是什么？当我们无法动弹，失去所有意识时，还能找到人生的意义吗？我期盼着有一天能在大学任教，但如果我像母亲一样疾病缠身，无法动弹，失去意识，那么这一切都将毫无意义。

我历经辛苦考上了研究生，却因照顾母亲无法上课。后来，母亲抗病未果，在四十九岁时去世了。半年后，我重新回到了学校，但我已经不是曾经那个我了。一声巨响，我从之前预设的人生轨道上脱轨了。

母亲去世后，她的年龄永远定格在了那一刻。后来，我与母亲同岁了，再后来，我的年龄追上了母亲，来到了母亲未曾体验过的五十岁。之后的人生于我而言，是未曾涉足的领域，我仿佛独自踏上了母亲尚未到达的地方。

我曾以为我会比母亲长寿许多。然而，五十岁时，我因心肌梗死倒下了。当时，医生看了心电图后，告诉我这是心肌梗死。我以为自己的结局和母亲一样。

在照顾母亲时，我从未想过有一天自己也会被送进急救室，全身动弹不得。我本以为我已经理解了人生的意义，但当时，我不得不重新审视母亲曾面对的，而我却未曾思考的问题。

对人类而言，幸福到底是什么？

当无法动弹、失去意识时，

我们还能找到人生的意义吗？

没有见到儿子最后一面的母亲

母亲脑梗住院期间，我每天十八小时陪在她的床边，从晚上十二点一直到傍晚六点。父亲下班后会来医院接替我。我会在家人休息室小憩到晚上十二点。到了晚上十二点，父亲就回家了。

起初，母亲还有意识。那时，母亲总会让我做一些力不从心的事。我请假来医院照顾她，她却这样对待我，我心中有些不满，但好在我还能为她做些事情。

有一天，母亲突然说想学德语。我上大学时曾教过她德语。她让我从家里拿来当时的课本，于是，我又教了她一遍，从字母表开始。然而，随着母亲的认知能力逐渐衰退，不久后她就没耐心学了。后来，她说要读一本一直想读却没读的书——陀思妥耶夫斯基的《卡拉马佐夫兄弟》。她记得有一年夏天，我兴致勃勃地读过这本书。于是，我便日复一日地在她床边朗读。

后来，母亲失去了意识。那段日子里，我总是想着，我本可以在她尚有意识时为她做更多的事。面对失去意识的母亲，除了照顾她的日常起居，我做不了任何事。

当时，为了跟上其他同学的进度，我把希腊语课本带到病房来读。每天在母亲床边守候十八小时，我已然筋疲力尽。如果这样的日子再持续一周，我的身体也会支撑不住。然而，就在我有了这样的想法后不久，母亲去世了。我不禁想道，如果我没有这么想，母亲是不是还能活得更久一点儿。虽然母亲的死与我的想法毫无关联，但我无法不为此自责。

有一天，母亲的一个朋友前来接替我照顾她。她说："你一定很辛苦吧。今天我来照顾她，你就在休息室好好休息吧。"我接受了她的好意，正躺在休息室时，突然接到电话，说母亲的病情突然恶化，让我立即前往急救室。当我冲出休息室时，主治医师（院长）对我喊道"别慌"。一向沉着冷静的医生告诉我，母亲已经没有康复的希望了，我应该随时做好心理准备。当时，我感到极度不安。

当我赶到她的病房时，母亲已经没有呼吸了。我以为我已经够快了，但事实证明并非如此。当我赶到病房时，母亲身上的管子和输液针头都已经拔出，她的身体也被擦拭得干干净净。

我照顾了母亲这么长时间，却没能在她临终前陪伴在她身边。对此，我后悔不已，也没有把这件事告诉父亲和妹妹。当被问及母亲临终的情形时，我谎称她无痛地离开了人世。

如果我说了实话，父亲一定会责怪我：都已经在医院待了这么久了，为什么偏偏那个时候不在医院，当时又在做什么……但如果我是父亲的话，我一定不会责怪照看母亲许久的孩子。尽管最后的时刻恰巧不在医院，但孩子这三个月来一直陪伴着母亲，尽心尽力地照顾，所以我不会责怪他。如今想来，即使我当时说了实话，父亲和妹妹也未必会责怪我。但当时的我对他们缺乏信任，认定如果我说出真相，必定会受到责骂。

后来，父亲临终时，我得以陪伴左右。他走得很平静，但紧张的氛围一直持续到他断气的那一刻。我突然想到，也许母亲并不想让我看到她临终的样子吧。

我一日复一日地

守在母亲身旁，

却没能看到

母亲的最后一面。

承认自己做不到的勇气

我在母亲病床旁守了这么久，却没能看到她最后一面，只能带着母亲的遗体回到家里。父亲看着我，害怕我会随着母亲一同离去，因为那时的我是如此憔悴。

现在想想，当时如果我对父亲说"我太累了，我需要住院"，或者即使不住院，只是说"我不想参加母亲的葬礼，我想一个人静静"之类的话，他也一定能理解吧。

然而，当时的我觉得，即使是父母离世，我也必须坚强，不能在人前落泪。因此，尽管身心俱疲，我还是参加了母亲的葬礼，并且没有哭泣。我没能在最后的时刻陪在母亲身边，但我觉得自己有责任向母亲的亲友详细说明母亲患病的经过。很多人对母亲住院一事并不知情，他们听后惊讶不已，纷纷落泪。而我没有哭。当然，我很悲痛，但我不想在人前展现悲伤。当时的我只在乎别人会如何看待我。

十年后的一天，我做了一个梦。梦中，我醒了过来。家里光线昏暗，分不清是黎明还是黄昏。过了一会儿，从隔壁房间传来一个声音，那是父亲的声音。今天是母亲的葬礼。

我穿过几个房间来到父亲身边。他看着我说："你醒了。"在梦中，我没有参加母亲的葬礼。"你母亲的骨灰应该烧完了，你去取一下吧。"

我想着至少还能帮点儿忙，便答应了。

这个梦对我而言有着极其重要的意义。在梦中，我没有参加母亲的葬礼。我对父亲说出了"我不想参加葬礼"，而在现实中，我从未对父亲说出这样的话，因为他肯定会严厉地训斥我。在梦中，我却和他说了我不想参加葬礼。用了十年的时间，我才告诉父亲我的感受。

之前我经常梦到母亲，在做了这个梦后，我不再梦到她了。梦到已故之人，是因为与他们之间还有未了的缘分。梦中的母亲，如同希腊花瓶上的死人一样，神情飘忽。我意识到她已经不再属于这个世界了。我从未在梦中与母亲像生前那样交流过。

与母亲毫无交流的梦境，反映了那一段我在医院陪护的日子。做这些梦是为了说服自己，当时自己确实无能为力，母亲也已经不在这个世界上了。

父亲和母亲出现在梦里，意味着我开始脱离父母，走向独立了。我察言观色，向父亲隐瞒了真相，与其说是怕他伤心，不如说是害怕受到责怪——在医院陪了母亲这么久，却没能送她最后一程。

有些事我能为母亲做，有些事我却做不到。我不再梦到母亲，也许是因为我拥有了承认自己做不到的勇气。母亲因病去世时，比现在的我还要年轻。我开始意识到，人生是多么无常。

梦到已故之人，

我想是因为

与他仍有未尽的缘分。

最大的孝顺就是不孝

有一天，在照顾父亲时，他对我说："你不结婚的话，我没法死。"

他说这句话的时候，我已经结婚了，我的妻子每周末都会来照顾他。我很震惊，那么，他认为我妻子是谁呢？

在父亲眼里，我还是那个没有结婚的研究生。之前，母亲一直是我和父亲之间的"缓震带"。母亲去世后，与父亲的同居生活压抑到令人窒息。即使我想说什么也无法启齿，仅仅是和父亲共处一室也会令我紧张。

于是，为了避免和他独处，我想到一个办法，那便是结婚。当然这并不是我结婚的初衷，但母亲的离世的确是促使我结婚的一大因素。母亲的去世，以及与父亲共同生活的压迫感，一同加速了我的结婚进程。之后，我、妻子和父亲，在没有母亲的家里开始了三个人的生活。家庭氛围与只有我们两个人时截然不同了。

父亲生病后，忘记了大部分事情。他并不记得我们三个人一起生活的时光，反而记住了作为我们之间"缓震带"的母亲去世后的那段日复一日的高压生活。那段时期虽然对我而言并不愉快，但对父亲来说也许是美好的回忆。

父亲告诉前来探望的护士和护工，我还没有结婚，而他们都知道我已经结婚生子。当父亲宣称我还没有结婚时，一位护士说道："不，您的儿子已经结婚了。"父亲回答道："不可能。我从没参加过婚礼。"如此毫不犹豫的回答，反倒让人觉得质疑者可能搞错了。

父亲说在我结婚之前不能死。如果我告诉他我已经结婚了，他会不会立即离开人世呢？我这样想着，于是对他的询问含糊其词。

当父母认为孩子还需要他们时，会感到自己仍有贡献，从而更具活力。我独居的时候，父亲常常给我打电话，聊天内容大抵是身体出了什么问题，去了哪家医院，得到了什么诊断结果等。他的声音总是有气无力，诉说着他随时都可能死去。我知道他在身体状况不佳时才会打来电话，可听到他虚弱地说"我可能撑不下去了"时，我还是不禁开始担心。听到这种话，我担心他感觉到自己死期将至。

我在首尔做讲座时，很多年轻人问我如何孝敬父母。我很惊讶，因为我在日本从未听过这样的问题。我回答道："最大的孝顺就是不孝。" 2006 年，我因心肌梗死病倒了。当时，父亲仿佛突然年轻了十岁，变得活力满满。之前他的声音有气无力，当时却充满了力量，因为他的孩子生病了，他认为自己必须坚强有力。

父亲长期患有心绞痛，冠状动脉上搭了几个支架，每半年就要住院做一次造影扫描。 有一次检查时，他的情况恶化了。医院联系了我，我一大早赶了过去。父亲的血压急剧下降，我以为他就要这样死去了。幸运的是，他最终脱离了危险。检查结束后，父亲情绪高昂，不停地和我说话。

那天，我陪了父亲十多个小时，我们聊了许多。尽管手术绝非易事，但父亲没有丝毫恐惧。相反，他很关心我的身体状况。那时，我在医院工作，经常和父亲碰面。我告诉他，我从早到晚都在辛苦地工作。我不禁想到，在自己也时日不多时，我会像父亲一样关心别人吗？

当我在演讲中提到这些时，翻译员哽咽了。我抬头一看，许多听众泪流满面。面对这样未曾料想的反应，我有些不知所措。我想表达的是，我们可以通过这样的方式来孝敬父母。

当感到

孩子还需要自己时，

父母会变得充满活力。

想告诉他们，活着就是有意义的

当父母开始需要照料时，孩子应该也或多或少地感受到了自己的衰老。因此，他们不难理解父母对衰老的感受。

人生不会倒退，身体也是如此。我们永远无法回到过去，也无法避免衰老。随着年岁渐长，我们的牙齿磨损、容貌衰老，身体的各个部位开始出现年轻时从未有过的问题。我们开始频繁忘记人名。原本以为自己会一直年轻，但当这些情况出现时，我们不得不面对现实——自己已经不再年轻了。

如果你认为只有年轻才有价值，那么就会极力避免变老。但这是不可能的，没有人能永远保持年轻。

假如有人问你是否愿意回到十八岁，可能很少有人愿意回去吧。如果能带着现有的知识和经验回去的话，则另当别论。但如若不能，就意味着你必须重新学习很多东西，重复很多段曾经让你困扰的人际关系。

人生不会倒退，身体的衰老也是不可逆转的，没有人能避免衰老。人自然会衰老，但这并不仅仅意味着青春的衰退，我们也能在年岁渐长中看到积极的一面。

如果你无法积极地看待自己的衰老，那么当父母逐渐对许多事力不从心，开始需要照顾时，你将很难接受这样的现实。

我不认为生产力能够衡量一个人的价值。有些人认为自己唯一的价值就在于有所成就、有所作为。因此，当他们年岁渐长，什么都做不了时，便会陷入悲伤，无法直面现实。这或许是很多病症心理层面的成因。

面对患有阿尔茨海默病的父母，孩子不应从生产力的角度评判他们的价值，而是应当接受他们什么都做不了的事实。即使父母做不了任何事，我们也不能因此否认他们的价值，而应关注他们作为人所拥有的东西。

任何一个曾在病中无法动弹的人应该都有过类似的体会：当我们卧病在床，依靠他人照顾时，认为自己尚有价值是一件需要勇气的事。然而，如果始终不接受自己的现状，无论处于何种状态，都认为活着才是快乐的，并期待最终能恢复到原来的工作状态，这种想法也是没有意义的。

总有一天，我们会感到自己能力下降，不得不调整工作的内容和强度。当然，这也因人而异，很多老年人也会继续从事之前的工作。

有些人并没有用生产力来衡量自己的价值，但当他们离开工作岗位后，仍然会感到失落，觉得自己不再有用。尤其对于那些曾隶属于组织的人而言，离开组织可能是人生的一大危机。

一生都被称为"老师"的人，一旦离开学校，就会震惊地发现自己不再是老师了。他们之前被叫作"老师"，是因为戴着学校教师这个角色的面具。而当他们离开工作岗位，摘下面具后，便不再被人称作

"老师"了，接受这个事实并不容易。不仅仅是老师，人们在衰老的过程中往往很难肯定自己的价值。

因此，他们通过抱怨或溺爱子孙的方式来让他人看到自己的价值。事实上，作为祖父母的他们对孙辈承担的责任不如孩子父母的大，所以孩子父母非但不会感激他们对孩子的溺爱，反而可能会因此发生争执。

我们的父母也可能会通过制造麻烦来吸引我们的注意，试图借此在家中取得一席之地。但如果我们的父母坚信自己的价值，他们就不会通过制造麻烦来获取关注。

为了让父母感受到自身的价值，我们应当关注他们对家庭的贡献。我们可以对他们说"谢谢"或"帮到我了"。即使父母已经行动不便、记忆衰退，我们也可以告诉他们——你们活着便是对家庭的巨大贡献。这样，父母就无须刻意制造麻烦，也能感受到自身的贡献了。

衰老

并不仅仅意味着

青春的衰退，

我们也能在年岁渐长中

看到积极的一面。

已故的父亲仍在与我对话

父亲去世的时候八十四岁了。那天半夜，我接到电话后匆忙赶往医院。当时父亲已经开始下颌式呼吸，我也做好了最坏的心理准备。护士说，我和妻子赶来后，父亲似乎有所好转。我早已请求医生不要给他做心肺复苏或其他延长生命的措施。于是，在父亲生命的最后一刻，护士离开了病房，他在我和妻子的注视下安静地离开了人世。

父亲临终前，眼里噙满了泪水。当我呼唤他时，监护仪上心跳和呼吸的波形发生了变化。尽管可能有其他解释，但在我看来，父亲似乎想和我说些什么。

父亲停止了呼吸，用古希腊诗人的话来说，他进入了"神圣的睡眠"。晨光初露，我拉开窗帘，窗外已是白雪皑皑，一只蓝鹭静静地飞过窗外。

大脑是身体的一部分，是思维的工具。尽管它是最关键的工具，可它毕竟只是工具。即使大脑受到了任何形式的损伤，并由此导致了主体言行举止的变化，也很难改变大脑主人的自身性格。

当然，当大脑受损或停止运作时，人们便无法像以前那样说话，也无法按照自己的意愿挪动身体了。

我经常做讲座，大脑出现问题就好比演讲时麦克风出现故障——一旦麦克风出现问题，声音就会立即中断。父亲心情好时，就如同接触不良的麦克风电线突然通了电；而我们说一个人死了，就意味着他的"麦克风电线"永远断开了。

然而，麦克风本身并不是我，即使我的麦克风坏了，我的声音不被听到，我也不会停止说话。逝者的声音虽不再被传递，但他们仍会继续"说话"。当我想起久未谋面或远在他乡的人时，通过回忆我们曾经的对话，我便能感受到他们的存在。逝者仍然活在我心中，这种说法并不是比喻，而是说当我想起已故之人时，他们便仍然与我同在。

如果我思念的人尚在人世，我们或许还有机会重逢；但对于已经去世的人，我们却永远也见不到了。在世的作家可能会继续出版新书，可我们却再也无法拜读已故作家的新作了。然而，在阅读他们留下的作品时，我们会感觉到他们从未真正离去，而是活在了自己的作品中。

我守在去世的父亲身边，心中一直思考着这些问题。殡仪车来得很晚。父亲离开医院时，正好是护士们晨间交班的时间。尽管当时很忙，但还是有很多护士来为他送行。父亲的离世令我悲痛，但想到所有关怀他、善待他的人，我心中便涌起一股暖流。死亡是什么呢？无疑，死亡是一种告别，一种充斥着强烈的失落感的告别。

然而，我知道，如果我无法继续原本的生活，父亲肯定会责怪我的。

当想起

已故之人时，

他就在身边。

即使死亡迫在眉睫，
也想要以自己的方式活下去

我因心肌梗死住院后，在重症监护室度过了几天，侥幸活了下来。在那段日子里，我无法在没有护士帮助的情况下自行转身，不能阅读，也不能听音乐。时间仿佛停止了流逝。

当我终于能够站立时，我让家人拿来了我的电脑。我开始在网上搜索我病情的相关信息，在博客上发布住院日志等。编辑并不知道我生病一事，在我住院后不久，他便寄来了书的校样。我一直没来得及处理这些校样。病情好转之后，我才开始慢慢阅读，进行修改与补充。

有一天，一位查房的医生做完检查准备离开时，看到了那份校样，便坐在床边的沙发上开始阅读。医生问道："这里面讲了些什么？"我回答道："人终有一死，在死之前我们应该如何生活。"

医生笑着说"别太钻牛角尖了",随后离开了房间。

校对是一项劳神费力的工作。我的病不宜承受压力,所以医生建议我停止校对工作。然而,我已经决定不惜一切代价出版我的书,即使校对工作会消耗我的精力,甚至夺走我的生命。可同时,我也暗自祈祷这本书不会成为我的遗作。

自此以后,每次医生来查房,我都会与他交谈。除了我的病情之外,我也会拿着我的书,与他探讨哲学和文学的话题。

有一天,医生和我说:"写书吧。书会流传下去。"

医生本不应对病人说这种话,因为这暗示着书会留下来,而我将不久于人世。但在我看来,他明白什么是对我而言重要的东西。

保全病人的生命是医生和医务人员的重要任务。然而,如果不了解病人住院前在社会中的生活状况,医务人员就无法提供真正的援助。

从病人的角度而言,他们并不希望仅仅被视作病人。在照顾父亲期间，我给护士们看了父亲年轻时的照片。因为我希望他们知道，无论父亲当前的状况如何，他也曾度过丰富的人生。

作家井上靖在病房里铺上地毯，搬来书桌，强忍着病痛坚持写小说。我想，大概没有人会对他说"请遵守医院的规定"吧。

在英语中，"life"一词不仅是指"生命"，也有"生活"和"人生"的含义。恢复生活并非医务人员的任务，更何况有些人永远也无法恢复。然而即使死亡迫在眉睫，我也希望能以自己的方式活下去。我很幸运地活了下来。医院的医生、护士都把我视作独立的个体，而不仅仅是需要治疗的病人，我对此充满感激。

刚住院时，每晚睡觉前，我都害怕就这样一睡不醒。但后来，当我满意地结束一天时，我便不再害怕这是最后一次入睡。后来，妻子开玩笑说，我在住院期间似乎过得相当享受。

不希望

仅仅被视作病人，

因为也曾度过

丰富的人生。

第二章

接受现实才能有效陪伴

接受真实的父母

虽然父亲患有阿尔茨海默病，但他说话总是逻辑清晰，听者往往很难察觉其中异样。例如，护士明明知道我已经结婚，但在听到父亲说我还没有结婚后，仍然转而向我确认。

父亲有时说话就像做梦一样。梦境并不总是天马行空，有时也合情合理，但无论多么合理，梦始终是梦，而不是现实，一觉醒来，一切都结束了。

即使并未醒来，一旦我们开始怀疑这是梦境，梦的逻辑便崩塌了。梦在一定程度上具有合理性，但它就像空中楼阁一般，梦醒时，楼就不复存在了。患病的父亲的逻辑，就与永远不会醒来的梦中人无异。

有一次，一个了解我情况的人对父亲反驳道："不对，您儿子已经结婚了吧？""不可能，我从没参加过他的婚礼。"这样斩钉截铁的回答，可能会动摇发问者的信念。

如果仅仅是一些含糊不清的胡言乱语，不会带来危险，我并不会断然否认父亲的话。但当他突然说要出门时，我不得不阻止他，因为他已经无法独自出行了。

父亲经常忘记是否吃过饭。这种时候，与其生气地对他说"不是刚刚才吃过吗"，不如说"已经吃过了哟"。这样，他就不会再说些不合情理的话了。

有一天，父亲吃完早饭，上床睡觉了。早上十点左右，他带着若有所思的表情醒来，说道："今天可以回家了吧。"那时，他已经出院回家两个月了。父亲突然说了这样的话，我十分吃惊，便让他坐在沙发上接着说。

我发现，他认为这里只是个临时的住处，他必须要回到"那里"去。我向他解释道，这里并不是临时住所："你不用回到任何地方了。""你是说这里就是我的家？""是的，我们从老房子搬到了这里。你结婚后一直都住在这个家里。"

父亲已经忘记了和母亲一起住在这里的事。我告诉他，这里并不是临时住所，他不需要回到任何地方，也没有其他家可回了。

父亲从原单位退休后，又在另一家公司工作，并在横滨独自居住了很长一段时间。我不确定他想回的是横滨的家，还是辞去工作搬去的另一个地方。听了我冷静的解释后，父亲似乎接受了这里就是他最终的住处。

内心真正接受可以待在这里，这是很重要的。自此之后，父亲平静了许多。

"可以待在这里。"

"可以不回去。"

能这么想，很重要。

接受现实很难，但我们不能逃避

父亲仿佛生活在迷雾之中，他似乎并不知道迷雾之外还有一个世界。他平常宛若活在梦中，当他状况好转时，就会突然从"睡梦"中苏醒，但总会感到不安。

"苏醒"需要一个触发点。在天气晴朗的一天，父亲身体状况不错，他说道："我出门理发去了。"可他并不知道哪里能理发，身上也没有钱。当我指出他没有钱时，他才意识到这一点。因为平时都是我管钱，父亲身上并没有可供支配的钱。

如果他对一切都一无所知也就罢了，但事实并非如此。尽管他对日常琐事缺乏概念，但他知道自己无法独立生活，这让他十分痛苦。

可人生就是痛苦的，人只要活着就会痛苦。康复过程中，不仅病人痛苦，照顾的人也是痛苦的。我认为这也是康复过程的一部分。

有一天，父亲递给我一本他晚上写的笔记，说让我看看。只见一页页纸上，写满了他的焦虑不安。起初，他只是偶尔简短地记录吃饭的时间。没过多久，他不再写这些琐事，字迹变得难以辨认，处处前言不搭后语。但我还是惊讶于父亲能写出这么长的文章，我原以为他已经写不出这样的长文了。

在写下那些笔记的时候，父亲世界里的迷雾似乎消散了，他被一种强烈的不安所裹挟，努力地探寻着遗忘的过去和外面的世界。他写道，感到很饿但没有钱吃饭，想和朋友聊天却找不到手机，真是遗憾。

那时，父亲已经不会使用手机了，但他总说："如果半夜发生了什么事，要是联系不上你就麻烦了。"其实他的担心不无道理，有一次他确实在半夜摔断了胳膊。

每当迷雾散去时，父亲总会焦虑不安，害怕发生意外，而我却无法帮助他摆脱这种不安的情绪。

当父母不了解自己的处境时，让他们外出很容易发生意外。作为监护人，我们必须想办法避免此类事件发生。然而，父母可能会因为看不到外面的世界而感到痛苦，这对于监护人而言也同样煎熬，但这个问题还是要由父母自己来解决。

倾听可以帮助父母平静下来。我总是很耐心地聆听父亲的故事。我一遍又一遍地听着重复的话，因为我知道这些事对他来说一定很重要。尽管如此，我还是无法缓解父亲的焦虑。

然而，当迷雾散去时，父亲也并不总是那么痛苦。有一天晚饭后，父亲神情恍惚地问我："外面在下雨吗？"我回答没有下雨后，他说："快趁现在回去吧，注意安全。我也要睡觉了。"

我通常会在早上七点半前往父亲家，帮他做饭、打理家务等。父亲通常吃完晚饭就睡觉了，我就在他休息后打理完家务再回家。

父亲总是不知道自己在哪里，以及为什么会在这里。之前，父亲以为我一整天都会陪着他，就像以前和他住在一起时那样。可那次他说"趁现在回家吧"，当时，他肯定清楚地知道自己在哪里，以及为什么会在这里。

阿尔茨海默病的康复

在于理解

自己的处境,

以及在这个世界上

处于怎样的人际关系之中。

记不起过去的话，那就重新开始

当我们沉沉睡去，从梦中醒来时，可能会迷迷糊糊，分不清梦境与现实。但我们并不会将梦中的记忆带到现实里。

当然，很多人睡醒时都可能带着梦中的情绪。例如，如果我们计划外出，内心却不愿出门，我们可能会通过做一个噩梦来坚定不出门的决心。此时，重要的是由此产生的情绪，而不是梦境本身。很多情况下，我们可能做梦了，却不记得梦到了什么。

可父亲却不仅仅是保留梦中的情绪，甚至还能记得内容。有一天，他说道："我好像做梦了，但我分不清那是梦境还是现实。可能我真的疯了吧。"

父亲说无法分辨梦境和现实，可一般而言，很少有人分不清。比如，我们在旅途中醒来时，一时间可能不知道自己身在何处，但很快我们就会意识到，今晚不在自己家里。然而，父亲并非如此。有时，他半夜在医院醒来，会不知道自己在哪里，离开病房后，在医院里迷路。

有一次，父亲说他做梦了，我问他梦见了什么，他说："应该是在京都吧。过了两个路口左转就到我家了。可能是看我样子奇怪，之前认识的电器店老板娘特地开车送我回家。回到家后，我遇到一个人，他经常出现在我梦里，但我不知道他是谁，我只看到了侧脸。他说，'这不是你家，回去吧'。"

邻居看到我父亲举止怪异，于是把他送回家，这是现实中发生的事。那时，父亲一个人外出，差点儿就回不来了。

父亲忘记了许多过去的事。我不知道想起过去的事，父亲是否会感到幸福。有一天，父亲和我说："梦里有人问我'这是你妻子吗'，她的脸一闪而过，我没认清。"

梦里父亲一定和某个人在一起吧，但他已经忘记了与他共度了二十五年的母亲。关于忘记了母亲一事，父亲表示"这是多么的寂寞"。说这话时，他应该已经接受了忘记了母亲这个事实。他虽然说感到寂寞，但并不意味着想要回忆起这些事。相反，他说道："已经忘了，也没办法了。还不如把过去所有的事都忘了，从头开始吧。"这绝不是放弃，也不是因为没有意义才选择忘记。

我是在父亲的陪伴下长大的，他连这都忘了，听着别人讲述过去的事情，仿佛在听前世的故事一般。当别人告诉我们前世的身份时，我们恐怕也很难感受到它与自己的关联，而且，这也无法求证。

但如果是今生的事，就算我们失去了大部分记忆，仍然会有"证人"存在，即使很多事都不记得了，也还是会想找回那些遗失的记忆吧。

然而，父亲却不一样。他感觉听到与母亲共同生活的事，就像在阅读一本历史教科书，教科书上记载的事件、年号、描述与自己毫不相干，除非有很强的想象力，否则很难产生共鸣。

关于"证人"，我还想补充一点。有些事情如今只有我和父亲知道。比如小时候，有一次我去了父亲的老家。那天，我被家里的蜜蜂蜇了。父亲并不记得这件事，因此我也开始怀疑这件事是否真的发生过。似乎父亲忘记了过去的事，失去"证人"的我也相应地遗失了这部分回忆。看到父亲失去了记忆，我感到很难受。因为父亲失去的记忆不仅关乎他自己，我与他共同度过的时光，以及当时的我也同时被抹去了。

有一天，父亲看到一张照片时似乎想起了母亲，但我当时并不在场。想起母亲的时候，父亲想到的是什么呢？是母亲的面容，还是与母亲一起度过的时光呢？我无法想象父亲对于母亲的感情。

试图记起过去的事是没有意义的。正如父亲所言，只要从头开始就好了。

看到逐渐失去记忆的父亲，我不禁思考，如果有一天我的妻子也不记得我了，我会怎么做？即使我拿着照片告诉她："你是我的妻子"，她对我的爱也不会回来了。

　　如果妻子忘记了我，那就从那一刻开始重新恋爱吧。我希望每天都能重新审视我们的关系，每一天都是新的开始，而不是昨天的延续，保持这样的心态是很重要的。当然，没有人知道未来会发生什么，也许先失忆的会是我呢。

如果妻子

忘记了我，

那就

重新恋爱吧。

看到此时此刻的父亲，
而不是过去和未来的父亲

刚开始照顾父亲时，我很惊讶于他傍晚就会忘记早上散过步的事。不久后，他开始忘记刚刚说过的话、做过的事。护士和护工来家里看望父亲，结束工作后，我把他们送到家门口，当我再进来时，父亲已经不记得护士和护工来过了。

我逐渐习惯了这种生活。可能不只是我，很多人在照顾患有阿尔茨海默病的父母时都会有这样的感受——无论为父母做了什么，他们都会立刻忘记，这让我有一种徒劳之感。

关于过去的事，父亲的回答总是"忘记了"或"不知道"，因此完全没有询问的必要。比如关于某顿饭，我知道他很快就会忘记这件事，也就没有必要问他是否还记得了。有时，询问是出于"或许他还记得"的期待，然而，我认为这种试探性的询问并不利于亲子关系。

有一天，我让妻子先代替我去照顾父亲。不久后，我也去了父亲那里。我知道父亲已经吃过晚饭了，但还是试探性问他有没有吃过饭。父亲回答道："如果我说不记得有没有吃过，你还会再给我吃一次吗？"说着，父亲大笑起来，我却被问住了。

父亲似乎生活在现在和多重过去的自由组合之中。他的"时区"里没有过去时，只有现在时。理解了这一点后，我似乎更能理解他的行为了。

有一天，父亲和护士们讨论抽烟喝酒的问题。父亲说道："我现在不怎么喝酒了。只有和朋友在一起时才会稍微喝一点儿。"然而，现在的父亲并没有所谓的"朋友"。他似乎仍然站在过去的时间轴上生活，并将其视作"现在"。

诚然，现在能回忆起来的过去，从某种意义而言确实属于"现在"。在这个层面上，父亲并没有错。然而，将实际的现在看作"现在"，将回忆中的事视作"过去"，并按照时间顺序排列事件，这对于父亲而言并不简单。

有一天，父亲对护士说："我这样静静待着的时候，呼吸很顺畅。但我有心绞痛，没办法治。我上完厕所（在一楼）爬上楼梯时，就会喘不上气来。"

当父亲说这话时，楼梯对他来说已经太过危险，他其实已经不使用楼梯了。我知道父亲说的并不是现在的事，而是曾经上下楼梯的事。父亲似乎无法分辨过去和现在，他仍然认为自己在楼下上厕所。

当护士询问他的排便情况时，父亲回答说："不太好，我最近没有排便。"事实上，他当时的排便是由护士通过灌肠来控制的。父亲生活在只有"现在时"的世界里，因此没有必要竭力纠正他，即使父亲说的并不是事实，只要不会伤害他，就不是大问题。这样做并不意味着我们完全接受了父母所说的一切，而是尝试着接受"对他们而言的事实"。

即使父母无法分辨

过去与现在，

我们也没必要竭力纠正。

如果忘记了过去，
就去建立新的关系吧

如果亲子关系一直很好的话，那么在父母需要照顾的时候，孩子可能会相对轻松一点儿。但实际上，能始终维持良好亲子关系的人可能并不多。在与父母的相处过程中，如果曾有过一些冲突的话，那么孩子对他们多少会有些复杂的感情吧。当父母需要照顾时，孩子又不得不重新面对他们。

父母可能已经忘记了过去发生的一切，但过去的矛盾并不会因此消解。即使父母已经忘记，孩子可能仍然无法与过去和解。

我刚刚提到，父亲有一次对我说"已经忘记了也没办法了"。当他说着"记不起过去的话，那就从头开始"时，他仿佛又变回了那个我小时候的父亲。

平时深陷迷雾之中的父亲，偶尔也会拨开迷雾，回到生病前的样子。我很难评判这对于父亲而言是否是一件幸福的事。但那一天，周围的迷雾散去了，他又变回了生病前的父亲。

当父亲身处迷雾之中时，并不会意识到自己忘记了一些事情，然而一旦清醒，就不得不接受这个事实——自己确实记不起过去的事情了。之前，父亲常常害怕不知道自己忘记了什么，那天的他似乎又回到了那个时候。

有一段时间，我和父亲的关系并不融洽。在无数的回忆中，我选择性地记住了那些能够证明我们关系不好的片段，其中最甚者就是父亲在我小学时打了我。到现在我都无法确定这件事是否真的发生过，因为除了我，没有人知道这件事，没有人目睹当时的情形。

证明自己与父母间故事的真实性，对于当时的我来说是一件棘手的事，诸如父亲打我这样的重大事件更是如此。如果有许多人作证，那么我便能确定这件事确实发生过；但如果只有两个人知道，并且其中一人否认了此事，那便无法证明它就是事实。

父亲打我的事可能从未发生过。尽管如此，我还是在某些时刻回忆起了当时的情景，并一度下定决心不再与父亲来往。但事实上，无论过去发生了什么，此时此刻，我都可以与父亲和睦相处。一旦与父亲和睦相处，就没有必要再回想起那些不愉快的记忆了。

就我而言，既然父亲已经宣布"忘记了过去"，那么我也只能接受与父亲的回忆已然逝去的事实，并从这里重新出发。回想过去没有任何意义。

虽然我刚刚提到"和睦相处"，但在开始照顾父母时，最好不要一开始就设定诸如"和睦相处"这样的宏大目标，避免冲突、互相迁就，这样的目标更为合理。如果我们向来容易与父母发生口角，一开口就陷入争吵的话，那突然之间和睦相处是不现实的，这并不是一件容易的事。

从力所能及的事开始，逐步改善关系吧。刚开始时，至少做到在同一个空间里和谐地相处吧。

承认与父母的回忆

已然逝去，

并从这里重新出发，

回想过去毫无意义。

"尊重"意味着看到对方真实的模样

"尊重"一词的英语是 respect，它源于拉丁语 respicio，意为"看到"或"反思"。我们真正需要"反思"的，恰恰是一些平常易于忽略的事情。比如，"这个人于我而言无可代替""我们如今生活在一起，但总有一天我们会分道扬镳，所以，要珍惜每一天，和睦相处"，等等。

"告别"并不意味着"死别"。孩子独立是一种告别；长期和谐相处的情侣也可能会大吵一架，从此分道扬镳，这也是告别。

我们应当珍惜身边的人，与他们好好相处，尽管他们可能存在问题，患有疾病，或是与我们的期望不符。我们不应依据脑海中绘制的理想形象给现实中的孩子和伴侣扣分，而是要看到他们真实的模样，将他们视作独一无二的个体。

对待父母也是如此，他们理应得到尊重。我们要看到他们真实的样子，将他们视作无法取代的独一无二的存在，不要美化他们，也不要依据理想的父母形象给他们扣分。

有些事是很难在安稳的生活中体会到的。当伴侣、孩子、父母生病或是发生意外时，我们才会意识到与他们一起健康快乐地生活从来不是理所当然的。

之前提到，有一天我母亲身体不适，检查时确诊脑梗，随即住院。住院初期，她恢复状况良好，也开始了康复训练。但一个月后，她再次发病，情况迅速恶化。

于是，我们转院到一家设有神经外科的医院。时隔一个月，母亲第一次外出，她呆呆地望着天空。无疑，转到神经科让母亲感到不安。"未来会怎样呢？"面对母亲的问题，我什么都回答不了。

起初的那个月，她还有意识，我们有过一些情感上的交流。有一次我很生气，因为她总是不顾及我的情况，任性地要求我立刻去买各种东西。

不久，她患上了肺炎，随后失去了意识，我们之间的交流就此中断。那时，我才意识到与她争吵的日子有多么宝贵。我时常后悔，在母亲尚有意识的时候，为什么不多和她说说话，为什么没有珍惜我们在一起的时光。在她病倒之前，我从未想过会有这一天，因而浪费了许多宝贵的时间。当时，在母亲的病榻旁，这些思绪不停地在我脑中盘旋。

我不断提醒自己，在生活中要与他人和睦相处，避免留下这样的遗憾，这便是"尊重"。

有一天，父亲说："无论如何，未来的人生都会慢慢缩短。"他似乎比我更从容，相比之下，我常常陷入对未来的思考和焦虑之中。人生短暂，这意味着我能与父亲相处的日子也很短暂。

我总是不由地想象与父亲分别的那天会是怎样。想起母亲的事，我明白这一天终将到来，我就更想避免与父亲争吵了。

不断提醒自己，

在日常生活中

要与他人和睦相处，

这便是"尊重"。

接纳真实的父母，而非理想的

孩子刚刚来到这个世界，无法独立完成任何事是很正常的。当孩子能够独立完成一些事时，父母便可以欣慰地放手了。然而，父母希望看到的往往是理想中的孩子，而非真实的。这个理想的孩子只存在于父母的想象之中，与真实的孩子毫无关联。放下心中的理想形象，看到真实的孩子，这对父母而言并不容易，但并非绝无可能。

同样，就父母而言，在他们需要孩子照顾之前，曾度过漫长的人生。而过去那种无所不能的形象，便是孩子们理想中的父母形象。

作家北杜夫在谈到父亲斋藤茂吉（诗人）时这样说道："小时候，父亲突然从一个难以亲近、令人害怕的人变成了一个令人尊敬的诗人。我突然开始崇拜父亲，在高中时期模仿着写了一些稚嫩的和歌。"

慢慢地，北杜夫注意到了父亲的衰老。每次外出散步，父亲会随身携带一个笔记本，在上面写一些短歌。有一次，北杜夫偷偷翻看了这个本子，他对父亲仍有旺盛的创作欲感到欣慰。但看到这些拙劣的诗歌，他也为父亲的才华衰竭感到失落。渐渐地，失落超过了欣慰。对于父亲的创作，北杜夫喜悲参半，并开始羞于谈论对于父亲的敬仰。

作家泽木耕太郎的父亲是一位俳句诗人。泽木将父亲的俳句汇编成书。他回忆道，他从来没对父亲说过过激的话，甚至从未反驳过他。

我也从未对父亲有过过激的言辞，除了他强迫我加入一个宗教组织的时候（我之后会提及）。泽木从小就觉得自己必须要守护父亲，这令我很惊讶，因为我从未有过这样的想法。

在我身边，许多人尊敬和爱戴自己的父母。然而，当父母逐渐老去，忘记了过去或性格大变时，现实中的父母就会与过去那个孩子理想中的父母相差甚大。

只有重新定义理想的父母形象，接受真实的父母，我们才能与他们建立良好的关系。值得注意的是，父母虽然遗忘了他们的过去，但他们遗忘的并不仅仅都是美好的回忆，也包含一些痛苦和并不愉快的回忆。实际上，尽管父母忘记了过去，我们也只能接受现实，接受真实的父母。

在照顾父母的过程中，我们不应预设理想的父母形象。如果我们设定了理想的形象，那便只会用减分的方式来看待他们。看过年轻时"无所不能"的父母，我们可能很难接受现实与理想之间的巨大差距。而如果我们着眼于现实中的父母，那么便能下定决心与真实的他们相处。

对于自身而言也是如此。当受到他人赞扬时，如果只用他人构建的理想形象来衡量自己，那么便会与真实的自己脱轨。

如果父母知道，孩子正用他们过去无所不能的理想形象给现实中的自己扣分，可能会很难过吧。而如果孩子能接受真实的自己，在他们面前无须表现得更好，只需保持真实的话，父母一定会感到轻松和愉悦吧。

将过去那个无所不能的

理想的父母形象，

从脑海中清除。

看到最好的父母

我曾提到，无论过去与父母的关系如何，我们都只能与此时此刻的父母相处。尽管可能存在矛盾，但我还是希望那些照顾父亲的护士们能够了解他的过去。

哲学家鹤见俊辅曾提到过一位医生，在病人生病前后，这位医生与他们交谈的态度始终如一。

"他并没有把患者视作低谷期的病人。在他人生病时，也不抹去他们之前的高光时刻，这是很重要的。"

我很难想象医生在患者生病前后的语气转变，但有一次，我听到一名护士称赞父亲"真棒"，这让我感到不适。如果父亲身体健康，她绝不会说这样的话吧。护士一定认为父亲什么都不懂，所以才会这样夸奖他。

但在我看来，父亲并非什么都不懂。他的主治医师和护士只见过他现在的样子，我却与父亲共同生活过很长时间。医生和护士只熟悉现在的父亲是理所当然的，但我一直希望他们能像早已认识他那样与他相处。

如今的父亲，在护士探望时有时睁不开眼，有时说话含糊不清。但我想让他们知道，这只是父亲生命中的一页，在此之前还有很长的"历史"。照片捕捉的只是一个瞬间，往往无法涵盖一个人的真实形象；而在视频里，即使某个瞬间的表情不自然，也不会始终如此。因此，我给他们看了父亲年轻时的照片和晚年时创作的油画。护士看到他年轻时候的照片后说："看起来不像啊。"我一时不知如何回答，但我希望这些照片能改变他们对父亲的看法，哪怕是一点儿也好。

后来，在医院时，一位工作人员听闻父亲曾经学过油画，便鼓励他作画，于是父亲便认真地完成了一幅画作。看到那幅画后，工作人员非常惊讶。自此以后，他鼓励所有入院的人都参照照片用彩色铅笔作画，一改之前只涂色的传统。无论是轮廓描绘，还是色彩应用，那幅画都比父亲在家里画的还要出色，这显得他在痴呆测试中画的糟糕画作像是在骗人。

我并不认为生病是鹤见所说的"低谷"。反之，我认为生病的人更接近生命的真相。

有一次，我给父亲看了那张护士评论"不太像"的照片，那是他与母亲年轻时的合照。看了照片，他谈论了照片里的留声机、唱片和火盆，可唯独没有提及母亲。父亲说忘记母亲使他感到寂寞，但这并不意味着他想要想起母亲。我希望他至少能问上一句"这是谁"。也许此时，父亲认为已经没有必要记起母亲了。我无言以对。

父亲在看到照片时说"好怀念啊"。我多希望他不是怀念年轻时住过的房间，而是怀念与母亲结婚前一起度过的时光，哪怕只是片刻也好。

生病

并不是低谷，

生病的人

更接近生命的真相。

第三章

与年迈的父母建立良好的关系

子女无法使父母幸福

往日充满活力的父母，终有一日将无法独立生活。有一天，我去看望长期独居的父亲。我之前一直以为他过得很好，可后来他的信用卡开始还不上款，开车时又发生了事故，我实在放心不下。

那天，父亲从房间里出来时，神情恍惚，若有所思。他看起来消瘦了许多，明明几天前他还很健硕，不知何时起竟变得如此孱弱。我心中不禁自责，如果我早一些来，离他近一点儿的话，或许就能早一点儿注意到他的病情了。但其实，即使我和他住在一起，也未必能及时察觉到他的健康状况。无论如何，为过去的事后悔是没有用的，我们只能从意识到的那一刻起开始采取行动。

在照顾父亲期间，我意识到，子女是无法让父母幸福的。人生在世，我们无法使任何人幸福，也无法从任何人身上获取幸福。

在养育孩子的过程中，父母都希望能让自己的孩子幸福。这个愿望本身并没有错，但实际上，父母无法使孩子幸福，孩子们需要依靠自己的力量生活。当然，孩子小时候处处都需要父母的帮助，但他们往往会比想象中更快地走向独立。

只有当孩子们希望得到帮助时，父母才应该伸出援手。其实，父母能为孩子做的事极其有限，因为他们无法代替孩子生活。

年轻人在结婚时常常会发誓让对方幸福。然而，幸福并不是向对方索取来的，而是两人在共同的婚姻生活中携手创造出来的。许多人在结婚时许下了"让你幸福"的承诺，可即使他们每周都带着妻儿外出游玩，也可能会在其他方面招致对方不满。

同样，在照顾年迈的父母时，孩子也无法使父母幸福。当然，这并不意味着我们无法为父母做任何事。我们需要明白，自己能为父母做哪些事，做不到哪些事。

有人感叹，父母总是说着想去这里，想去那里，自己一有空就带着父母出行，可父母很快就忘了，反而还抱怨孩子没有带他们出行。我认为，我们不必强调"带父母出行"。

樱花盛开时，我们并不是为了带父母出门才去看花的，而是自己想去赏樱，如果和父母一同前往，那么他们也能体会到赏花的乐趣。这么想的话，即使父母之后忘记了赏花一事，我们也不会因此感到失落。无论他们是否记得赏花的事都没有关系，因为我们和他们已经共享了当时的美好时光。

　　如果能时刻满足父母的出行意愿自然是好，但我们终究不可能做到事事如愿。有时，我们也可以选择拒绝，即便这可能会让父母不悦。

　　父亲除了吃饭，大部分时间都在睡眠中度过。在我看来，这样的生活毫无乐趣可言。他醒着的时候，不是茫然地看着窗外，就是抠着毛衣上的毛球。我希望他不要总是睡觉，而是能做些事情，有意义地度过每一天。但这只是作为子女的愿望，并不能强加于父母，即使父母无所事事地度日，也并不意味着他们不幸福。

明白我们

能为父母做什么，

做不到什么。

孩子不应阻拦父母想做的事

刚开始照顾父亲时，我并不担心他会做出危险的事情。然而，自从有一次他在院子里摘柿子不慎摔倒后，我便开始密切关注他的行动，以免他再次发生意外。

然而，这种做法限制了他做那些本可以独立完成的事。如果对方是个孩子的话，今天做不到的事，也许明天就能做到了。每个孩子在学会走路前都会摔跤，在学会骑车前都会受伤，在没有发生严重事故的情况下，孩子受伤时家长应当保持冷静。虽然孩子受伤不算是好事，但他们总能从痛苦的经历中学到一些东西。

可父母就不一样了，今天能做到的事，可能明天就做不到了。现在就做不到的事，我们很难相信他们在不久后能够做到。作为子女，我们不希望看到父母暮气沉沉，逐渐失去生活能力，但如果任由他们行动，他们又可能会摔倒，甚至骨折。因此，我们不得不对一些危险的行为加以限制。

有时，父亲会说想出去走走。我知道他很快就会气喘吁吁，体力不支，所以总是试图打消他的念头，但他总会坚持说："我只是想在家附近转转。"每当我阻止他时，他又会问我是否愿意陪他一起走走。于是我便陪他一起外出，可他往往走了几分钟就不想走了，一脸严肃地说着"差不多了"。每当此时，我总会暗自抱怨——早知如此就不答应陪他散步了。

其实，对我而言最好的解决方式便是，当他说想出去走走时，我不多说什么便同意。由于病情，父亲不能长时间行走，我也经常观察到他在行走时呼吸急促，因此必须防止他过度劳累。如果他试图勉强自己或做一些危险的事，我必须加以阻止。但是，我也认为没有必要因为存在风险，就彻底打消他出行的念头。

"想做的事"和"能做的事"之间是存在差距的，

这个差距便是"自卑感"。当想做的事做不到时，我们便会感受到巨大的压力。

消除两者之间差距的方法之一，就是从一开始就不想做。但这并非听起来那么简单，因为人活着并不仅仅为了做自己会做的事，即使有些事我们目前确实做不到，但只要不轻言放弃，竭尽全力去做，便能体会到生活的乐趣。

一个人想做什么，只能由本人决定。我们无权以安全为由，劝说他人在开始尝试之前就选择放弃。父亲行动不便，却很想出去走走，这对家人而言是件麻烦事。在必要时，我们确实应该对他的行为进行限制。反之，如果一个人缺乏做事的意愿，就会逐渐丧失各种能力，此时再想鼓励他们动起来将会异常困难。为了避免这种情况发生，我们必须妥善照顾父母，使他们既不会处于危险之中，也不会丧失行动的意志。

即使有些事做不到，

只要竭尽全力去做，

便能体会到生活的乐趣。

不要期待父母说"谢谢"

在我照顾患有阿尔茨海默病的父亲时，他出乎意料地对我说了一声"谢谢"，那时我正端上刚做好的午餐。在我收拾碗筷时，他又说了一句"谢谢"。但过了一会儿，他问我"午饭还没做好吗"，这让我感到深深的无力。和以往一样，我回答道"我们已经吃过了"。当时，父亲很自然地说了一句"谢谢"，就像生病之前那样。之前，我听到"谢谢"会很高兴，可如今有所不同。

父亲在生病前常说"谢谢"，可生病后便不怎么说了。看到父亲像变了个人一样，神情沉稳地说着"谢谢"，我仿佛又见到了之前的那个父亲。在我把父亲接回家之前，他一直独自生活。再次见到那个内心封闭、难以接近的父亲，我感到很难过。

即使父亲没有对我为他所做的一切表达感谢，我也没有权利生气，可是，当父亲对我说"谢谢"时，我确实感到高兴。但如果父亲说"谢谢"成了一种常态，我可能就会想"咦，今天为什么没有说呢"。

我之所以能够照顾父亲，是因为在他生病之后，我减少了自己的工作量，如果我像现在这样忙碌的话，肯定是无法照顾他的。能够陪伴长期独居、很少与我见面的父亲度过晚年，我感到自己十分幸运。

父亲生病期间，除了演讲外，我无法从事其他在外的工作。一周中我有两天在大学演讲，其余时间则在家里写书。由于父亲一直坐在身边，与之前相比，我甚至能完成更多的工作。

母亲因脑梗倒下后，医院要求家人陪护，我便承担了这个工作。当时我还在读研究生，时间支配相对自由。当时，不知道是因为母亲的病情难测，还是因为医院无法提供全面的照顾，医院告知家属要时刻陪同，因此我每天有十八小时都守在母亲的床边。

我没有去学校里上课，担心自己会远远落后于同年级的学生，于是便把书带到医院里学习。

我很高兴能够照顾父母，可有时也会有所动摇。因为父母似乎认为被照顾是理所当然的，他们有时甚至没有意识到自己正在被照顾。

刚开始照顾父母时，我在报纸上读到一名男子照顾母亲的故事。男子当年五十多岁，为了照顾母亲不得不辞去工作。有一天，他的母亲看着他问道："你不用去上班吗？"患有阿尔茨海默病的母亲时常都生活在迷雾之中，那一天，迷雾仿佛突然散去，母亲又回到了之前的样子。听了母亲的话，他心想，母亲难道不知道他是为了谁辞职的吗？他感到十分绝望，随后决定不再独自照顾母亲。我能够理解他，我们努力想让父母看到我们为他们所做的一切，可很多时候他们却无法回应我们的期待。

每当父亲发脾气时，我也会内心动摇，第二天不想和他见面。尽管如此，照顾父母还是让我有了一种奉献的感觉。当我生病倒下时，父亲认为自己必须保持坚强，应该也是出于同样的想法吧。

每当打开父亲的房门，听到嘈杂的电视声，我就知道他已经醒了，这让我很安心。有一天，我没有听见电视的声音，不禁担心"是不是出了什么状况"。医生说父亲的病情很难好转，随时都可能发生意外，所以我总是担心着父亲，甚至无法完成手头的工作。

　　我忐忑地推开卧室的门，父亲正安详地睡着，那一刻，我庆幸他还活着。每当此时，我似乎又能接受平日里情绪失控、怒火中烧的父亲了。在他发火之前，没有人知道会发生什么，但我觉得，只要活在"当下"就好了。

患有阿尔茨海默病的父母

生活在迷雾之中。

有一天，迷雾仿佛突然散去，

他们又变回了过去的父母。

待在身边，就是一种支持

哲学家鹫田清一曾说，我们的社会已经淡忘了"什么都不做，静静陪伴在对方身边"的力量。看到这句话时，我意识到自己也忽视了这种力量。

之所以我会这么想，是因为在照顾父亲一整天后，我常常会感到自己什么都没做。随着父亲睡眠时间的增加，我的这种虚度之感愈发强烈。其实，就我个人而言，父亲醒着时，我必须花时间照顾他，只有他睡着后，我才有时间完成自己的工作，然而，我不认为仅仅与父亲待在一起就是在照顾他。

父亲醒着的时候，我能做的事也无非是准备三餐和打扫可移动厕所。一想到自己能做的事如此有限，别人却在辛勤地照顾他们的父母，我不禁质问自己是否在偷懒。

我回想起把儿子送进托儿所前的那五个月。那时，儿子还不会走路。起初，我以为可以在他睡觉时查资料或是写论文，但很快我就意识到自己太天真了。每当儿子睡觉时，我也会睡魔缠身，时常和他一起睡着；再次睁眼时，儿子已经饿得哇哇大哭了。

如果下雨，我们只能待在家里；天气好的时候，我会考虑带他去公园逛逛。总的来说，大部分时候我都没做什么特别的事。

儿子出生前，我曾日夜待在医院照顾母亲。有时，她会提出一些极其无理的要求，令我十分烦躁。母亲失去意识后，我也只能为她洗洗衣服，照顾她的日常起居了。剩下的时间我不是在阅读，就是在本子上记录母亲的病情。护士们把这本可怕的笔记戏称为"阎王爷的生死簿"。二十多年后，父亲曾前往母亲当时住的医院。院长告诉他，他还记得我那时总在病房里读希腊语的教科书。得知此事的我十分惊讶。

鹫田认为，静静地待在身边，实际上就是一种"被动的行动"。如果无法认同这一点，我们就会感到日常的照料十分辛苦。我和父亲待在一起时，绝不是什么都没做。父亲醒着的时候，我有许多事要做。他睡着时，或是迷迷糊糊时，我也并非什么都没做，而是静静地待在他身边，默默地陪伴他。

后来，当我自己作为患者住院时，才深切地体会到有人时刻陪伴在身边是多么可贵。从重症监护室出来后，我的病情已经相对稳定，不太可能出现紧急状况，即便如此，有人陪在身边更令我感到安心。

父亲呆呆地望着窗外时，我只是在同一张桌子上工作；父亲睡着后，我更是无法为父亲做更多的事。

有一天，我对父亲说："既然你整天都在睡觉，我就不用过来了吧。"父亲的回答出乎意料："不是这样的。有你在身边，我才能安心入睡。"

出院后，每当独自一人在家时，我常常感到不安，因此我非常理解父亲这句话的含义。我们通常会觉得，仅仅待在对方身边并没有意义。之所以会这样想，有一部分原因便在于，我们的社会往往只从生产力的角度来评判事物的价值。

有你在身边，

我才能安然入睡。

不必强迫父母回忆过去

有些选择性的记忆在别人看来可能有些奇怪，但我认为，如果不会造成实质性的伤害，我们没有必要纠正他人，或是强迫他人记起某事。

我曾听说，有人通过向母亲展示照片来让她接受父亲已经去世的事实。当我得知父亲已经忘记母亲时，我很难过，因为我感觉我们一家共同生活的回忆也随之消逝了。我告诉父亲，我和妹妹曾与他一起住在这个房子里，母亲去世后我结婚了，我、妻子和他一起生活在这里……父亲只是说他不记得了。父亲忘记了一些于我而言很重要的事，包括母亲，我感到很难过，但这也只是我的感受，与父亲无关。

哲学家鹤见俊辅认为，变老是一个过滤的过程。"我相信，经过岁月的过滤，留在心中的回忆是值得信赖的。变老是一个过滤的过程。"

每个人忘记某件事、牢记某件事都有其原因，周围的人必须尊重当事人自己的选择。

父母有时会在某些情境下回想起已经遗忘的事情。即便这可能会带来痛苦，我们也无法阻止他们记起往事。

然而，通过展示照片等方式强迫父母记起往事，只会使他们陷入无端的混乱之中。即使他们重拾了某些记忆，如果这些记忆对当下的生活而言已经不再重要，他们也会很快再次忘记，但那种被强迫回想的不悦感却会延续下去。

父母很容易忘记我们希望他们记住的事，同时，他们又会反复讲述同一个故事。这些重复出现的故事对父母而言极其重要，我们应该试着用心聆听。反复听相同的故事并不容易，就此，我想分享一些倾听的诀窍。

我有一位朋友是心理医生。他的祖母总是给他讲同一个故事，没过一会儿就问他"我之前讲过这个故事吗"，他回答说："我听过了。但每次听祖母讲都觉得很有意思。"他说，他之所以成为心理医生，就是因为喜欢听人讲故事。

实际上，如果我们仔细聆听，就会发现每次的故事都略有不同，即使是同一个故事，讲述者每次讲述时都会有不同的重点，存在一些省略和追加的部分。

如果父母总是讲述同一个故事，那么我们可以试着留意故事中的每句话、每个词是否发生了变动，这样便能找到倾听的乐趣。反之，如果总是想着"怎么又是这个故事"，我们就很难做到耐心聆听。

我的父亲曾反复和我讲述"之前那个家"的事情。"之前那个家"指的是父亲结婚前住的房子。他详细地和我描述那个家及其周边的情况。我至今还保留着一张父母在家里围着火炉暖手的照片，那是我出生前的事了。看着照片中两人其乐融融的样子，我感到很幸福。

后来，姑父的儿子因病去世，家产无人继承。于是，继父亲的妹妹被姑父收养之后，父亲也被收养了。"母亲是个很难相处的人，她和妹妹的关系也并不融洽。后来我成了养子。我是个男人，再加上白天工作不在家，所以还算相处得融洽。"

在父亲的回忆中，并未提及婚后与祖母不和的母亲。父亲强调的重点，并不在于与领养家庭的父母关系不好，而在于自己成为养子后，改善了妹妹与父母间的关系。

对父亲而言，这是一段美好的回忆，似乎是他想要重温的时光。父亲是以积极的口吻讲述那段日子，这表明这段回忆对他而言并不痛苦。如果某段回忆对他而言很痛苦的话，他可能就不会再回想起来。

我很高兴当父亲回想起"之前那个家"时，想起的是安稳的时光。即使他不记得母亲了，"之前那个家"的记忆也包含着与母亲的幸福回忆吧。

变老是一个过滤的过程，

忘记某些事，

牢记某些事，

都有其原因。

不要向父母宣泄情绪

在照顾父母的过程中，我们常常会感到焦虑，这种情绪其实是有目的的。通常，我们会将烦躁的情绪归咎于父母的行为，但实际上，这种焦躁和愤怒的情绪并非父母的行为导致。

当我们对父母产生情绪，大声地要求他们停止做某事时，我们的目的在于阻止父母的行为，这和教育孩子时是一样的。我们经常情绪激动，大叫着让孩子做什么或是不许做什么。然而，这样做往往会招致孩子的反抗。孩子也可能会听从命令，但并非出于自愿，而是不情愿地被迫顺从。愤怒的宣泄看似立即起效，但孩子会在日后寻找机会反击。他们会每天重复同样的行为，而父母则不得不每天责骂他们。这说明，责骂看似立竿见影，但实际上并没有效果。

同样的情况也可能发生在我们与父母的关系中。父母可能会在表面上有所退让，但内心仍在伺机反抗。当孩子对年迈的父母宣泄情绪时，便陷入了与父母的权力斗争之中。

很多人明白，情绪化地对待父母并不是好事，但他们又相信，只要爆发情绪，就能改变父母的行为。因为与儿时不同，如今他们试图在亲子关系中占据更高的地位。因此，他们总是寻找一切机会，在各种琐碎的小事上与父母进行权力斗争，任何事都能成为争吵的理由。

每天照顾父母的确会令人疲惫不堪。我从未大声训斥过我的孩子，有时却会对父亲失去耐心，对他大声说话。每当这种时候，我都会心跳加速、血压升高。回家后，我总是心情糟糕，第二天只好拜托妻子代替我照顾父亲。

的确，父亲的行为是我产生负面情绪的直接导火索，但产生情绪的目的之一就是试图以自己想要的方式控制父亲。然而，我的父亲并不会因此退让。即使我爆发了情绪，他也会在短短几分钟后忘记此事，然后重复相同的行为。

我爆发情绪还有另一个目的，那就是不想见到父亲。无论是寒冬还是酷暑，盂兰盆节还是新年，我都会前往父亲家，从未间断。我必须去照顾父亲，因为我得为他准备饭菜。如果我不去的话，父亲就没有饭吃，所以无论我有多累，都不得不去。

因此，在照顾父亲期间，我也格外注意身体，甚至从来没有感冒过。而当我不想照顾父亲时，我需要一个理由让自己和他人都接受我无法前往父亲家——这就是愤怒情绪的用途。我并不是对父亲某个行为感到愤怒，而是想借助这种情绪来合理化自己不去父亲家的行为。

当然，这对父亲来说是一种困扰。其实我没必要把他牵扯进来，而可以直接对他说："我今天很累，想休息一天。"虽然他不一定会同意，但我们可以试着平复情绪、尝试沟通。因为即使我们爆发怒火，心跳加速，血压升高，父母也不一定会答应我们的请求。

孩子试图

在关系中占据高位，

就会在琐碎的小事中，

与父母进行权力斗争。

与父母争吵并不会改变亲子关系

　　父亲总是刚吃过饭就立刻忘记，我并不想责怪他，只是想让他知道自己已经吃过饭了。我认为，即使忘了，吃过饭后也理应会有饱腹感，然而护士告诉我，父亲产生饱腹感的中枢已经衰退了。

　　年轻时，我每周都会前往大阪，去一位老师家里参加读书会。老师的母亲也与他同住。有一次，大家在一起看书时，他的母亲走到客厅问师母："我吃过饭了吗？"师母耐心地回答道："已经吃过了哟。"那时，我从未考虑过照顾父母之事，这段对话令我震惊不已。后来，在照顾父亲时，我才意识到这是一件多么不容易的事情。

　　二十多年后，我在自己家里举办了好几年的读书会。婚后不久，父亲搬到了我家，我曾一度担心读书会无法继续举办。但在参与者的理解和配合下，读书会还是一如既往地延续了下去。

举办读书会的时候，父亲常常在隔壁的房间睡觉。他有时会感到家里有很多人，就走出来看看情况。每当他看到家里有这么多人时，都会惊讶地和大家打招呼，然后再回到房间睡觉；他睡醒后，又会走出房间，然后再次惊讶地和大家打招呼。

　　令我欣慰的是，读书会的成员并没有对此感到诧异，相反，他们热情地接纳了父亲。试想，当孩子哭泣时，如果现场只有自己一个人，我们可能很难冷静应对；但如果身边还有其他人，我们就可能更容易接受孩子哭泣的事实。我和父亲也是如此，当我们俩独处时，气氛往往会变得异常紧张；但有其他人在场时，我便能从容应对。实际上，他忘记自己吃过饭，或是反复和别人打招呼，这些行为都不会对任何人造成实质性的伤害。因此，即使在我和父亲独处时，我也希望能与他和平相处，不因一些小事而感到心烦意乱。

我们要明白认真和较真是两码事。我们必须认真地照顾父母，但并没有必要过分较真。照顾父母时，我们要提供必要的帮助，保护他们免受伤害。

照顾父母的确很辛苦，但我们不必因此愁眉苦脸、唉声叹气。许多人之所以产生烦恼，其中一个原因在于，他们试图让父母明白自己照顾他们有多困难。然而，有时不管我们怎么努力，父母依然无法理解，至少我的父母是如此。一旦接受了这一点，我们就会意识到，与父母产生冲突并因此烦恼，对亲子关系而言毫无意义。

另一个原因在于，他们希望那些平日不照顾父母的兄弟姐妹能够体会到护理的艰辛。

照顾父母是辛苦的，但向他人诉说护理的艰辛并非难事。如果对方能够体会其中的艰辛，并帮忙照顾父母，那么诉苦就是有效的；但如果对方并未领会，仍然拒绝照顾父母的话，我们想要保持平静并不容易。其实，我们无须抱怨，可以直接告诉他们，希望他们能帮忙一起照顾。当然，即便如此，对方也不一定会答应。然而，向他人夸大护理的艰难之处，这就不是认真，而是较真了。

我们必须

认真地照顾父母，

但并没有必要

过于较真。

结束权力斗争并非认输

父亲晚年时成了一名虔诚的宗教信徒。这本身并没有问题，但当他宣称"我入教了，就等同于我的长子也入教了"时，让通常不会感情用事的我十分生气。"这是我自己的人生，你不要管我。"话音刚落，我即刻为自己的情绪化感到羞愧。

听了我的话，父亲立刻向我道歉了："我这话有种居高临下的感觉了。我不该这么说的。"

接着，他给我讲了一个故事。那是他和我的母亲在结婚后不久，两人四处探寻新兴宗教的事。这是我第一次听这个故事。我一直以为母亲是一个非常理性的人，可以说是与宗教无缘，所以我听到这个故事时十分吃惊。

父亲并没有放弃的意思，他孜孜不倦地说服着我。每天听着父亲不厌其烦地对我说教，我十分痛苦，如果是陌生人的话，我肯定直接拒绝了。

有一天，我实在受不了了，就和朋友提起这件事。出乎意料的是，他说："你入教试试呢？"

我从没想过事情会这么简单。听了这句话，我意识到朋友是想劝我从与父亲的权力斗争中解脱出来。

如果我们坚持自己是对的，对方是错的，即使不带情绪，也会陷入权力斗争之中。解决权力斗争的方法只有一个，那就是从权力斗争中解脱出来。

于是有一天，我下定决心和父亲说道："我能和你一起去你们的集会吗？"

不出所料，父亲大喜。

其实，我根本没打算入教。但我想着，在赞成或反对之前，至少应该先了解一下父亲的宗教信仰。理解和同意是两码事，我们可以理解但不同意，但如果不理解，就不可能同意。意识到这一点后，我便提议与他同去。

我曾想过，如果我最终仍会辜负父亲的期待，是不是一开始就直接拒绝会比较好。然而，当拒绝必然会伤害两人间的关系时，还是不拒绝为好。在我印象中，父亲在家里总是孤立无援，不被任何人所理解。我坚信我不会因父亲的劝说而入教，但和他一起出门说说话，让我感到与他亲近了一些。

有一天，我和父亲一起外出时，他看到了我的讲座介绍。他说："你的工作能够帮助他人。加油哟。"

我觉得用"帮助他人"来形容我的工作并不恰当，而父亲作为一名虔诚的教徒，对他人的福祉抱有浓厚的兴趣。

后来，在照顾父亲期间，我每天一大早就前往他家。父亲的睡眠时间很长，因此我几乎从早到晚都在写作。

每天早上，父亲吃完早饭就上床睡觉，一直睡到中午。有一天，父亲起得比较早，还没到午饭时间。他问我饭做好了没有，我说道："现在是 11 点 45 分，您能再等 15 分钟吗？"父亲大发雷霆。当时，我像往常一样在写稿子。当他说要吃饭时，我刚找到思路，正在全神贯注地写作，所以我便让他稍等一会儿。

　　可父亲并不能理解，他说道："你这种人，总是拘泥于这种琐碎的小事。"

　　而我想着，我也需要工作，既然他每天都能睡到中午，那么再等一会儿也并无大碍。可实际上，如果我听取他的话，立刻开始准备午餐，就能节省许多不必要的精力。因为就算我说出了我的想法，让父亲等了一会儿，我也会因此陷入不愉快的情绪之中。

　　当时是我太情绪化了。如果想要与他人和睦相处，就应当从权力斗争中解脱出来，即使做不到和睦相处，也至少能节省一些精力。

如果你坚持自己是对的，

对方是错的，

就会陷入权力斗争之中。

解决方法只有一个，

那就是从权力斗争中解脱出来。

当我们感受到对方言行的善意，
对生活的看法便由此改变

母亲去世后，我和父亲开始了两个人的生活。和父亲共处一室时，连空气都会变得异常紧张，因为没有母亲起到的缓冲作用了。我对这种情况早有预料，但还是没想到会如此艰难。

那时，我二十五岁。尴尬的是，当时我不会做饭，父亲也不会，因此我和父亲经常在外面吃饭。不久后，我们吃遍了附近所有的餐厅，厌倦了这样的生活。

有一天，父亲突然对我说："要是有人能做饭就好了。"显然，他说的"有人"并不包括他自己。我别无选择，只能开始学习做饭。于是，我有生以来第一次下厨，希望通过做饭为家庭（虽然当时只有父亲一人）做点儿贡献。起初，我对烹饪一无所知，却意外地发现做饭十分有趣。于是，我开始每天努力地练习烹饪。

当时，我买了一本名为《男士烹饪》的食谱。如果想要制作书上的菜品，必须先准备好相应的食材。但当我感到饥饿，想要立刻吃顿饭的时候，却发现书上的食材需要炖煮两天。这本书确实不太实用。尽管如此，有一天我还是决定参考着食谱做一次咖喱饭。

书上说要把面粉煎成面糊，放在现在，我绝不会这么做。但当时的我没有做饭的经验，便按书上写的做了。我守在煎锅旁边，用小火煎烤着面粉，小心翼翼地避免烤焦，整个过程花了将近三小时。

父亲回来后，尝了一口我做的咖喱说道："以后别做了。"

他应该是想说，别再做这么难吃的东西了吧。我花了这么长时间做饭，父亲却说了这样的话。我感到无比失落，甚至以后也不想给他做饭了。

然而，十多年后，我才意识到父亲的话并非那个意思。

有一次，我和朋友提起这件事，他问我这是什么时候的事。我告诉他，我开始读研究生的那年，母亲因病倒下了。母亲去世时，那一年的课程刚好结束了。在母亲去世一年后，我做了咖喱饭。听了这话，朋友指出，我父亲可能并不是因为饭菜难吃才让我别再做饭。父亲说"以后别做了"，并不是指"不要再做这么难吃的菜"，而是说"你是学生，应当努力学习，不要再花那么多时间做饭了"。当时，我第一次想到这一层意思。

父亲总是批判我的生活方式。我在研究生毕业后没有急于找工作，父亲便不停地对我进行说教，询问我未来的打算。他总是这样说教着，所以我开始躲着他。然而，当我开始以不同的视角理解那一句"不要再做了"之后，我对父亲的看法有了明显的转变，我们的关系也随之改善。

虽说这是改善我与父亲关系的重要因素，但并非仅因这一件事。我开始从不同的角度去理解父亲所说的话，我和父亲的关系也在不知不觉间逐渐好转。

如果想要改善与他人的关系，就必须努力感受到对方的善意，不要拘泥于其表面的言行。同时，我们自己也要学会正确表达，避免被误解。可无论我们怎么表达，都有可能令人产生误解，因此重要的是努力降低误解产生的可能性。

我妹妹听了这个故事后，曾问起父亲是否还记得这件事，父亲完全忘记了。有时，说话的人或许早已忘了这件事，而因此被伤害的人却可能一直记着。

甚至父亲有可能从未说过"别再做了"这句话。我之所以会一直记得这件事，可能是因为我潜意识中并不想改善与父亲的关系。因此，我的记忆可能并不准确。

无论我们怎么表达，

都有可能让人产生误解，

重要的是努力降低产生误解的可能性。

当我们意识到行为背后的心声，
亲子关系便由此改变

"我想接受你的心理咨询。"

为父亲提供心理咨询似乎不太现实。一般而言，咨询师很难给家人进行心理咨询，因为家庭成员间存在利害关系。

有一天，妻子向我咨询了一些有关孩子的问题。一开始，就像给别人做咨询时一样，她平静地诉说着，我也平静地倾听着。

然而，当对话进行到一半时，妻子说道："但你也是孩子的父亲啊。"当她说出这句话时，我便从一位咨询师变成了孩子的父亲、妻子的丈夫。如此一来，无论我的提议多么恰当，妻子都会认为这个建议对我而言更为有利。

正因为有过这样的经历，所以当父亲说想要接受咨询时，我感到非常为难。当时，我与父亲的关系已经得到了改善。但曾经，我与父亲的关系十分恶劣，我和他待在一起就会感到紧张。当我和父亲的观点不一致时，我总觉得我们无法沟通，说什么都无济于事，所以总是默默地等待暴风雨过去。其实在这种时候，只要把自己的想法说出来，相互理解就好了。

我不清楚父亲的心理状况经历了怎样的变化，但我并没有拒绝他的咨询。当时父亲一个人住，于是我们相约在他家和我家中间的京都站见面，一起吃饭，然后喝茶聊天。每月一次，每次两小时左右。

在谈话过程中，有件事令我印象深刻，那便是父亲住在妹妹家附近的原因。退休后，父亲又去了横滨的一家公司工作，并在那里独自生活。那段时间，我只去过父亲家一次。

十年后，他从那家公司辞职并离开了横滨。后来，我读研究生二年级的时候，母亲在那年的一月去世，我于同年的六月结婚，十月的时候，父亲突然说要去横滨。当时我很惊讶，认为可能是他觉得与我们夫妻二人的生活节奏相差过大，不想和我们住在一起了吧。

当父亲从横滨回来后，我本以为他会搬来和我一起住。但出乎意料的是，他说要在妹妹家附近租个房子住。他说，如果和我们住在一起，他会被宠坏，所以除了平时和我们一起吃晚饭，他还是想一个人生活。

毕竟已经分开生活了很多年，曾经我和父亲同居时的紧张感已经大大缓解，但我还是很好奇，为什么父亲会决定住在妹妹家附近。

在"咨询"过程中，我找到了答案。父亲说，妹妹当时患病，身体虚弱，所以他想住在附近照顾她。"我觉得我必须住在附近才行"，父亲这么说道。

"咨询"的时候，父亲提到了妹妹。而妹妹告诉我，当时父亲每天都会来吃晚饭，可他吃完饭就会离开，和大家的交流很少。于是，我开始充当两人关系的调解者。如果当时父亲把对我说的话告诉妹妹，他们的关系肯定会大有不同。我发现，父母总是很难坦率地表达他们的真实想法。

"我想接受你的咨询。"

我听到了父亲不曾言说的

真实心声。

我们总是戴着角色的面具生活

之前，我在一家精神病诊所兼职，每周去一次。我被分配到诊所的日间护理部工作，那里的很多病人患有精神分裂症。我每周去那里时，大家会一起做饭。

一起做饭是为了帮助病人重新融入社会。早上，我会召集一些人和我一起去买食材。50名患者中通常会有几人自愿报名。他们手里拿着计算器，在附近的超市选购最实惠的食材。回来后，大约15个人会一起做饭，剩下的人则躺下休息，等待用餐。

在这里，没有人会说"不干活就没饭吃"这种话。因为大家心里清楚，今天做饭的人可能明天就会因病做不了饭。所以，如果身体状况允许，他们就会主动做饭。大家也不会责怪没去购物也没有做饭的人。我认为这才是一个"健康"的社会。

在这家诊所，医务人员不穿白大褂。我们都知道，通常医务人员会穿上白大褂，以示专业的身份。

阿尔茨海默病患者经常担心自己的东西被别人拿走或藏起来。一般而言，儿媳往往是他们妄想的对象，有时也可能是家庭护工。我曾询问前来照顾父亲的家庭护工："护工也会成为妄想的对象吗？""是的。相比家人，病人更容易针对护工。""你会对此感到不舒服吗？""穿着白大褂的时候无所谓。"

穿着白大褂时，无论发生什么，护工都能清楚地意识到，自己是在以医务人员的身份与病人相处；同时，白大褂也能向病人展示医务人员的身份。然而，家人通常不穿白大褂，因此他们也很容易成为患者妄想的对象。

在日间护理部工作的第一天，一位病人走过来对我说："我没见过你啊。""是的，我第一天来。""这样啊。你应该知道，我们这种病急不得，只能慢慢治。"

他以为我也是病人，因为我没穿白大褂，没有戴上医务人员的面具。

我们总是戴着角色的面具生活。英语单词"person"源于拉丁语"persona"，意为"面具"。当人们戴上父母的面具时，虽然也能与孩子相处，但只要戴着面具，父母就始终是父母，孩子就始终是孩子，无法实现人与人之间的平等交往。穿着白大褂有助于区分不同的角色，但如此一来，病人也很难将对方视作普通人或是朋友。

在与孩子的关系中，如果我们始终戴着父母的面具，那么孩子也不会摘下孩子的面具。如果我们将孩子视作朋友，就不会认为自己必须发表意见。当我们以父母的身份发表意见时，原本心情愉悦的孩子可能会闭口不言，因为他们不指望打断并批评他们的人能够认真倾听他们的想法。

在与父母的关系中，如果我们能摘下孩子的面具，就能以普通人的身份倾听父母讲话。我可以兴致勃勃地听父亲讲故事，因为我认为没有必要纠正他，即使他说得不对。

父亲入教时，如果我和他说宗教是迷信，那我们的对话就会戛然而止。随着父亲的病情加剧，他开始前言不搭后语。于是，我尝试着去理解他，在意见分歧时也会坦率地告诉他"我了解你的想法，但我并不赞同"。我想，如果父母选择做一些我不赞成的事，我愿意以朋友的身份帮助他们。

如果还是无法摘下面具，那就试着戴上朋友的面具吧。在亲子关系中，如果父母和孩子都戴上朋友的面具，那么彼此交流的方式也会发生转变。

我们都很清楚如何与面前的挚友交谈。我们不会干涉对方的生活，但也不会说"这是你的事情，不是我的"，因为我们是朋友，所以不会推开对方。

在亲子关系中，

以"普通人"的身份去倾听，

而不是父母或孩子。

子女无法回报父母的养育之恩

在学生时代，我每周都会参加关西医科大学森进一老师在家举办的古希腊语读书会。除了大学里的医学生和医生外，参加读书会的还有一些其他大学的学生和研究生。

当我告诉父亲我想学习希腊语时，他问我每月的学费是多少。我回答道："我还没问每月的费用是多少，可能不用学费吧。"父亲听后非常生气地说道："世上哪有这么好的事。你赶紧打电话问问。"其实在父亲说这话之前，我也有抱有同样的疑惑——真的会有人无私奉献，不求回报吗？

我打电话过去询问，一位老师回答道："不需要学费。如果将来有人想学希腊语，那时就轮到你教他了。"

于是在此之后，我开始教一些学生希腊语和拉丁语；再后来，我成了大学的希腊语老师。

几年后，我开始照顾父母的时候，回忆起了这段时光。当我不得不照顾年迈的父母时，才发现父母的养育之恩无以回报。父母可能会说："我把你养大，现在轮到你照顾我了。"但我们未必能以父母期望的方式满足他们的期待，就算我们全心全意地照顾父母，也无法悉数回报他们的养育之恩。

作为父母，我并不期望我的孩子会像我对待他们那样回报我。但在养育子女时，是否有很多父母考虑的是，将来有一天自己会需要孩子的照顾呢？

作为子女，我们不可能对需要照顾的父母弃置不顾。孩子需要想清楚三件事——必须做的事、想做的事以及能做的事。我们必须尽心尽力地照顾父母，我们也想要这么做，但我们能做的也只有力所能及之事。然而，如果我们清晰地划定了自己的能力范围，那么便难以长久地照顾父母。

我能够照顾父亲两年（当然，我认为自己还不足以使父亲满意），是因为我自己也在养病，不得不减少了工作量。但照顾母亲时，我只在医院住了三个月，我还没来得及报答母亲的养育之恩，年轻的她便匆匆离世了。

如果我们无法直接报答父母，那么就把父母给予我们的东西"回报"给我们的孩子吧；如果没有孩子，那就以某种方式回馈给社会吧。

在这个世界上，每个人都不是孤立存在的，而是与其他人息息相关的。与我们相关的人同时也与许多人紧密关联着。在这种联结中，我们从他人那里获得的东西，也可以返还给其他人。

我们给予他人的东西，并不一定会直接得到回报。他们可能会以间接的方式回报给我们，也可能不会有任何回报，但这并不意味着如果没有回报就什么都不做了。当我们有能力帮助别人时，就应当伸出援手，不应该总是期待回报。在人际交往中，我们能做的只有给予，而不是期待对方的感激与回报。

在这种联结中，

从他人那里获得的东西，

也可以返还给其他人。

永不放弃，继续做"此时此刻"
力所能及之事

每年夏天，父亲家的木槿都会开许多花。然而，随着季节的流逝，木槿逐渐不再开花。在那之前，每当一朵大花绽放，我都会和父亲说："看，木槿开花了。"他望着花，喜笑颜开。父亲吃过早饭后小憩，中午再次醒来时，他看着花说道："这是昨天开的吧。"

这时，不必急着反驳，告诉他这朵花是今早开的，不是昨天开的。因为父亲一觉醒来时，误以为过了一天，所以说"这是昨天开的"。对此，无须感到诧异、困惑、失望或悲伤，也没有必要让他承认并改正错误。

我很惊讶父亲仍然理解"昨天"的概念。他不仅隐约分清了"现在"和"过去"，还记得木槿花开了的事，并没有把过去的事忘得一干二净。

父母遗忘了过去的事情，甚至不知道今天是什么日子，是因为他们躲在自己的世界里。在那个世界里，父母有属于自己的"私人时区"。即使家人试图把他们拉回现实世界中，他们也很难回答"今天是几几年几月几日"这样的问题，但这其实不会给任何人带来实质性的困扰。

患有阿尔茨海默病的父母总是遨游在自己的时空中。我们与其把他们拉回现实世界中，不如进入他们的世界看看。他们的世界如同梦境般难以理解，我们只能尝试着去探索。即使我们批评父母活在自己的"时区"，指出他们的错误，也无助于病情的好转。

我曾做过冠状动脉搭桥手术。当我从麻醉中苏醒时，连接呼吸机的管子已经被拔掉了。当时我处于全身麻醉的状态，感觉自己被强行从一个无时间的世界拉回到了统一时间线的世界里。医生给我注射了肌肉松弛剂，我的心脏也一度停止跳动，那一刻我无限接近死亡，对此感到恐惧是理所当然的，当时的感觉就像是做美梦时被煞风景的警报声吵醒。

夏天过去了，父亲心爱的木槿花凋谢了。尽管如此，我还是每天给它浇水。有一天，我发现了几个花苞。在炎热的夏天，花苞一天天长大，不久就开出花来，然而到了秋天，花苞的生长速度十分缓慢。我还是坚持给它浇水，终于有一天，木槿开出了一朵大花。

仔细一看，周围还有一些小花苞。即使今天开的花枯萎了，明天我也会继续照料它们。无论发生什么，即使它们不再开花，我也依然会这样做。

我突然想到，我对父亲的感受也是如此。即使医生告诉我阿尔茨海默病无法痊愈，我也不会什么都不做。在照顾父母的过程中，无论发生什么，都只能去接受。在护理过程中，只有 how（怎么做），没有 why（为什么）。即使我们试着思考父母为什么会变成这样，也无法得到答案。无论是否愿意，我们都必须照顾父母。

如果我们持之以恒地给花儿浇水，它们有可能会盛开，也可能永远不会绽放。未来是不可知的，而当前能做的只有浇水，所以我才会继续浇灌它们——没有人知道哪里会是终点。

我并不是因为花儿一定会开

才照料它们,

即使它们不再开花,

我也不会停止照料。

为今天和昨天一样而感到高兴

人们往往觉得，别人家的孩子成长得更快。孩子小时候，我的视线片刻不离他，感觉养育孩子的每一天都是如此艰辛，一年到头我从未感到时间的飞逝。

然而，别人却看不到家长日复一日的辛劳。所以当他们在一段时间后再见到孩子时，会被孩子的成长速度所震撼，但他们不会这样看待自己的孩子。其实，我们也能看到自己孩子的成长痕迹。当孩子突然能做到之前做不到的事时，我们也会为之惊叹。

父母与孩子不同，今天能做到的事，明天可能就做不到了。父母的衰老并不像孩子的成长那样，总能被迅速察觉。那些只是偶尔与父亲见面的人，并不像我这样总是待在他的身边，因此很难察觉到父亲的变化。很少有人发现父亲患有阿尔茨海默病，因为父亲能在认不出对方的情况下自然地推进对话。看到父亲和来看望他的人有说有笑，我以为他记得他们。但当客人离开后，父亲却经常问我"刚才那个人是谁"。

但这也取决于他们曾经的亲密程度。即使很久未见，父亲也能立即认出之前很熟悉的人。有一天，我的姑父（父亲妹妹的丈夫）来看望父亲。看着父亲像过去一样与姑父交谈，我松了一口气。但在送他回车站的路上，姑父告诉我，他进门不久就发现父亲病了。然而，姑父在父亲去世之前骤然离世了，我可能永远都无法知道当时究竟是怎么一回事了。

和养育孩子时一样，试着把注意力放在父母做得到的事情上吧。这样，我们便能注意到，父母做到了昨天做不到的事。

然而，更常见的情况却是，一切和昨天一样，并且很快有些事他们再也做不到了。患上阿尔茨海默病就像牙齿脱落一样，掉牙之前，牙齿可能摇摇晃晃，但还能勉强支撑着，一旦脱落了，就再也回不到之前的样子了。他们掉落的是类似智齿的大牙，因此周围的人会对此感到惊讶，但对父母而言，其实没有这颗牙他们也能生活。

实际上，随着时间的推移，很多事父母自然就做不到了，但是从短期来看，更多的还是今天与昨天相同的情况。在与父母相处时，我们要为没有变化感到高兴。

对比过去和现在，我们可能会为孩子的成长欣喜，为父母的衰老沮丧。然而，如果我们珍惜彼此共同度过的时光，也许就能感受到孩子的逐步成长，也能感受到父母衰老与患病的缓慢过程。

我和父亲在一起时，他总是看着别的地方。我们几个人一起吃饭时，父亲也不会坐过来。当大家还在谈笑风生时，如果父亲想睡觉了，他也会一言不发地站起来回房间睡觉，与和我独处时无异。

但有时，父亲也会加入大家，和我们一起说笑。那些时候，父亲似乎能真切地感受到"此时此刻"。从父亲坐着的地方往窗外看，能看到树木和时而飞来的小鸟。当白头鹎飞来吸吮山茶花的花蜜时，父亲总会开怀大笑。当我和父亲一起欢笑时，我感到我们共享着"此时此刻"。我们不可能永远处于这样的瞬间，但我想抓住每个不期而至的幸福时刻。

聚焦做得到的事，

而非已经做不到的。

我想抓住

每个不期而至的幸福时刻。

父母活着便是对家庭的贡献

与年迈的父母相处时，并没有太多需要特别注意的地方。有些人只关注并认可父母能做到的事，当父母做不到昨天能做的事时，他们便会哑口无言。

然而，父母并不是什么都没做，他们活着本身便是对家庭的贡献。他们看似什么都没做，实际上却作为家庭和睦的象征，为全家做着贡献。父母去世之后，家里的气氛变得紧张起来，那时我才体会到了这一点。

儿子上小学时，有一天晚上，他对我说："爸爸，今天我想谢谢你。"我想不起我做了什么，当我问他时，他回答说他想感谢的并不是我做的某件事，而是我们一起度过的时光。对存在本身而非行为心存感激，这是儿子教给我的道理。

面对父母，我们也应当时常表达感谢。有人认为，既然是家人，无须言语对方也能领会，但事实并非如此。相反，正因是家人，我们才更需要多说"谢谢"。我们可以为很小的事言谢：看到对方把饭吃完了，感到开心，我们可以说"谢谢"；父母在身边，感到安心，也可以说"谢谢"。

自从父亲回家后，每次我给他做菜，他都会对我说"谢谢"。小时候，我和父亲两个人生活时，他好像从未对我说过这样的话，也可能说过，但我忘记了吧。除了"谢谢"，父亲还说过"有你在身边，我睡得安心"，听到这样的话我感到很高兴。如果你听到这些话也会感到高兴的话，那么也试着对父母这么说吧。

我们对父母说这些话，是想让他们感到自己有所贡献。感受到自己的贡献，他们便会觉得自己是有价值的。年迈的父母渐渐地做不了很多事情，可能会对自己失去信心，从而认为自己毫无价值，他们甚至会觉得，"没有我这个世界会更好"。当他们这么想时，就会感到家庭中不再有他们的安身之处。

面对这样的父母，家人可以提供帮助。我们无须关注特别的事，只需感谢他们的存在，就能让他们感受到自身对家庭的贡献了。

父亲除了吃饭，基本上就在睡觉。而我要么在电脑前写作，要么在看书。有一天，当我和一个朋友说了此事时，他说："有你父亲陪着你工作，感觉真好啊！"我很惊讶。不过确实，当我在自己的房间里工作时，累了就会想做点儿别的事，很难集中精力工作。多亏了父亲，我才能每天读许多书，推进我的写作工作。

如果家人能看到父母的贡献，不断地对他们说"谢谢"，他们便会知道自己无须做什么特别的事，也能对家庭有所贡献。这样，父母便不会再做一些让家人焦急或生气的事了。

父亲到后来还知道我是谁，但即使他不认识我了，我也不会改变对待他的方式。如果父母不再认识我，也只要想着今天是与这个人第一次见面就好了。

"今天，此刻，是第一次与这个人见面。"当我们这么想时，过去便不复存在了。

如果我们不断地

和父母说"谢谢",

他们便会明白:

无须做什么特别的事,

也能对家庭有所贡献。

主动说"谢谢"，而非等待感谢

对于那些总是期待得到感谢的人而言，照顾父母也许是一件艰难的事。因为父母并不总会说"谢谢"，他们甚至什么都不说。

然而，父母并不是故意不说"谢谢"，他们可能在接受照料前也从未对别人说过"谢谢"。如果我们不愿意向父母表达感谢，却希望他们这么做，这是不公平的。无论父母是否表达感谢，我们都应该主动说"谢谢"，哪怕只有我们说也没关系。

我的一位朋友长期照顾她的父母，她曾给我分享了这样一个故事。她的婆婆每天晚上都会帮忙整理晒干的衣物，她会对此表示感谢。但其实在婆婆入睡后，她又不得不把所有的衣服重新叠一遍。尽管如此，我朋友并没有对此感到不满，而是很高兴婆婆能够主动整理衣物，并对她做出的贡献心存感激。我不知道她的婆婆是否还记得这件事，但在得到感谢时，她应该感受到了自己的贡献吧。

并非对每个人而言，照顾父母都是艰难的。我并不是说护理是件轻松的事，因为护理的意义是由提供照顾的人赋予的。

父亲对我说"谢谢"时，我很高兴。我们确实会因为父母的感谢而感到愉悦，但如果没得到感谢就无法获得贡献感，那么一旦父母不再说"谢谢"，或者他们本就很少这么说的话，照料父母就会变成一件痛苦的事。

当我们刚为父母做了饭菜，可他们转头却说自己没吃过饭，我们可能会为此感到沮丧。如果父母不记得我们所做的事，或将其视作理所应当，即使我们能忍耐照料的辛劳，也可能会觉得这样的付出毫无意义。但即使父母什么都不说，我们也只能接受现实，并从此刻开始适应。

很长一段时间里，我每天给白天在外工作的家人做晚饭。有一天，女儿回来得比较早，她说："今天我们吃咖喱饭吧，我来帮忙。"虽然我平时在家工作，但做晚饭时往往已经很累了。女儿说道："爸爸白天忙着工作，现在休息一会儿也可以哦。"我听了真的很高兴。

那天，女儿意外地提出要帮忙，于是我先去买了菜，开始准备晚餐。然而，说着要帮忙的女儿却一直待在自己的房间里，我切完菜后，她终于来了，接手了剩下的工作。

女儿最终确实过来帮忙了，但即使她改变主意不来了，我也会像往常一样做饭，并由此感受到自己对家庭的贡献。

我认为，在与父母的关系中，能有机会为父母做贡献是很重要的，这样我们才能获得贡献感。另外，我们无须期待父母的感谢。因为只要有了贡献感，被感谢的需求、被认可的渴望便会一并消失。我们要得到父母的感谢才有贡献感，就如同孩子得不到表扬便做出不恰当的行为一样。

很多人难以认同自身的价值，有人甚至觉得，没有自己的话这个家会更好。抱有这种想法的人并不喜欢自己。然而，自己就是自己，永远不会变成别人。无法认可自己价值的人，是无法获得幸福的。

当我们努力尝试后，也许会发现自己并非一无是处，而是在某种程度上对他人有用。此时，我们便能感受到自己的价值。我们对父母说"谢谢"，是为了让他们感受到自己的价值，即使之后不得不重新叠一遍衣服。

即使父母什么都做不了，我们也可以告诉他们，活着本身便是一种贡献。同时，我们的所作所为是否得到父母的肯定并不重要，因为我们可以感受到属于自己的贡献感与价值。

要得到父母的感谢才有贡献感，

就如同孩子得不到表扬

便做出不恰当的行为一样。

如果人们能在力所能及的情况下互帮互助，我们便能安心长寿地生活

我还在上小学时，有一次和妹妹一起在电车里大声唱歌。我突然感觉到周围的人都在听我们唱歌，也许这只是一种错觉，但我感到非常尴尬，于是就不唱了。那一刻，我那无忧无虑、对外界毫不在意的童年时光仿佛就此结束了。

为人父母后，我发现带孩子乘坐电车也是一件需要勇气的事。当孩子在电车上哭闹时，我们必须承担来自周围乘客的无声压力。有人认为，如果父母不对孩子严加管教，让他们停止哭闹的话，就不应该带孩子坐电车。这么说的人可能没有带过孩子外出，或者忘记了自己曾经也是孩子。我们的社会需要对孩子多些宽容与接纳。

对待老年人也是如此。我一直希望，在我们的社会中，人们不必担心患上阿尔茨海默病。以自动贩卖

机为例，各个机器的使用方法并不统一。如果有店员的话，即使稍有差错，对方也能理解我们的需求并做出回应；而电脑缺乏这种灵活性，即使是年轻人，也可能遇到操作上的困难。

对于不善交际的人而言，自动贩卖机可以减轻压力和紧张感。虽然我个人并不主张统一所有机器的操作模式，但自动找零或是手动推杆找零的功能都不尽人意。有一次，父亲在使用自动贩卖机购买饮料时，投币后什么都没出来，他很生气。对我父亲来说，使用自动贩卖机是买不到饮料的，他只能前往有店员服务的商店。

我们的长远目标是建立一个能让婴儿、老人、残障人士、孕妇等每个人都能安居乐业的社会。为此，我们必须认真思考相应的对策。只有如此，阿尔茨海默病患者才有可能在这个社会安心生活。如今，育儿和护理领域正面临严峻挑战，我们必须思考，当下可以做些什么。

有一段时间，我每天骑着自行车接送孩子上下幼儿园。幼儿园门口，总会有一些家长叫住我，与我进行交流，分享育儿心得。那段时间，我经常因为无法与孩子充分沟通而感到沮丧，当得知并不是只有我一个人在育儿过程中遇到困难后，我得到了极大的宽慰。

我刚开始照顾父亲时，曾发布了一篇博客分享我的经历。文章发布后，我收到了众多邮件和电话回复。回复我的人都是护理方面的老手，提供了许多具体场景下的建议。

护理工作固然充满挑战，而这些建议在很大程度上帮助我度过了那段时光。我希望我们能建立一个相互支持的社会——在接受他人帮助的同时，积极分享自己的经验，也助他人一臂之力。

随着年岁渐长，每个人都会变得无力。我曾提到，在我兼职的诊所中，病人们在身体状况允许的情况下会主动做饭。因为他们也不知道明天会发生什么，所以从不埋怨没来帮忙的人——这无关乎付出与回报。

　　当我们年老体衰，很多事情力不从心时，并不能要求子女悉数回报当年的付出。如果人们能在力所能及的情况下互帮互助，我们便能构建一个充满贡献感的社会。

在接受他人帮助的同时

积极分享自己的经验，

希望我们能建立这样一个

相互支持的社会。

终章

享受此时此刻

高效的人生毫无意义

我住的地方离父亲家大约需要步行十五分钟。母亲去世后，父亲独居了很长一段时间。当我得知他得了阿尔茨海默病后，决定把他接回老家，白天去他家照顾他。

其实，去往父亲家有一条更近的路，但我更喜欢沿着河流漫步，所以宁愿花上十五分钟绕点儿远路。

十五分钟是在不停行走的情况下需要的，而我有时会在途中停下脚步，用相机拍摄沿途的风景，所以总会花费更长时间。可我总担心耽搁太久父亲会有危险，所以无法尽情拍摄。然而，每当听到鸟鸣，我总是忍不住用镜头追寻它们的踪影；看到蝴蝶吸吮花蜜，我也会不自觉停下脚步，举起相机。翠鸟划过水面，青鹭为我所惊动，振翅飞走。

即使下着小雨，或是天气寒冷刺骨，也丝毫不会影响我观赏鸟儿和蝴蝶的兴致。有时，我会跟随着盘旋的翠鸟来回漫步。

但我知道父亲还在等我，所以不能在停留太久。有一天我突然想到，这也许就是人生。假如把人生比作一条有起点的道路，那么我们并没有必要匆忙走完这条路。高效地活着，匆忙地死去，这样的人生没有任何意义。一路上走走停停，时而回望，如忘却时间般遨游，回过头来才骤然发现已然走过漫长的旅程，这才是人生。

在女儿刚出生后不久，有一次我带着四岁的儿子外出。我们下了电车后，匆匆赶往公交车站换乘。不巧的是，公交车刚刚开走。

"怎么办呢？下一辆车得等上一小时了。"我说道。儿子回答："等吧。"对我和儿子而言，时间的流逝速度似乎是不同的。

儿子上小学时，有时会忘带钥匙，或者把钥匙落在学校的桌子里。有好几次他放学回家后进不了家门，就在门口等着。

有一天，我远远地看到家门口有一把黄色的伞。我想着，是不是儿子忘带钥匙，放了伞以后去玩了呢？事实并非如此——儿子坐在家门口睡着了，只不过远远看看过去，小小的身体被伞挡住了。

他看到我回来后，指着在家门口爬行的一只蜗牛说："它最开始在那里。"他不知道自己等了多久，而是通过蜗牛的爬行轨迹来衡量时间的流逝，这很有意思。蜗牛爬行了大约三十厘米。也许是那只蜗牛在家门口留下的足迹，让他第一次感知到时间的存在。这一过程中，他也学到了大人的时间常识。

有些路程是有起点和终点的，我们必须尽可能快速地抵达终点。如果途中以任何形式中断，最终没能抵达终点的话，那么这个路程便是不完整的。相反，当两个人一起跳舞时，他们的动作在每一个时刻都是完整的，他们并非为了抵达某处而起舞。

显然，我们的人生与后者相似。也许在许多人看来，走走停停或走回头路都是在浪费时间，但实际上，过于高效的人生并没有意义，停下来看看也没关系。

四岁的儿子从未想过衡量时间，他可能并不明白等一小时公交意味着什么，也不会把等待公交的时间视作时间。

儿子上小学时经常忘带钥匙，只能在家门口等待。面对这种事，他也许并不会像大人想象中那样痛苦。然而，与四岁时不同，他已经能够通过观察蜗牛移动的轨迹来感知时间的流逝了。那时，他已经学会看表了。

还有一次，儿子在家门口等我回家。他把纸铺了一地，在地上写作业。我回来后，他笑着给我看破破烂烂的作业纸。这次，他没有干等着浪费时间，而是选择在等待的时候做点儿作业——此时的他已经学会考虑效率问题了。

工作时，我们必须清楚地知道今天是几月几日星期几。而如今，即使父亲回答不上来也没有关系。

人们总是对过去感到后悔，对未来抱有不安，但我们无法回到过去，更不能预测未来。我们可以为明天做好准备，但在此之前没有人知道会发生什么。因此，在发生之前什么都不想，也未尝不是一种生活方式。

很多人会为患有阿尔茨海默病的父母感到惋惜，因为他们甚至不记得刚刚发生过的事。然而，父母能活在"此时此刻"，也算是一种理想的生活方式吧。

走走停停

或走回头路，

并非浪费时间，

停下来看看也没关系。

不要让余生改变我们的生活方式

在我接受冠状动脉搭桥手术后不久，医生和我说："我曾经给我的父亲做过手术。"

我对此十分惊讶，因为我听说医生不会给自己的亲属做手术。"您父亲当时多大年纪？""八十岁。"

我问他，给自己的父亲做手术是怎样的心情。"很轻松。你想，那时我只需要担心我父亲一个人。而在给你做手术时，我担心的不仅是你，你的妻子、儿子、女儿、兄弟、父母的脸庞都会浮现在我脑海中。从这个角度来说，给自己的父亲做手术更为轻松。"

做过数千次手术的医生，在拿起手术刀的那一刻，面对的并不仅仅是一具作为"物质"的身体。了解到这一点后，我不禁为自己的无知感到羞愧。

手术过程中，由于全身麻醉，我的呼吸一度停止，肌肉松弛剂使我进入了濒死状态，他们甚至使用了人工心肺装置来暂停我的心跳。

麻醉的作用是让患者在手术过程中保持一动不动，这样，人就变成了一具躯体，或者说一种"物质"。而当医生将手术刀伸入我的身体时，却没有完全切断我们之间的人际关系。医生的父亲在术后辞去了工作，过上了悠然自得的日子，直到十三年后离世，可如果是我的话，我不清楚自己是否愿意在八十岁时接受搭桥手术。

手术前，我与另一位外科医生聊了许久。我和他说："我如果七十岁了，可能就不做手术了。"他神色笃定地问道："为什么呢？"

此前，医生告诉我也可以选择不做手术。我很吃惊，因为第二天就是手术的日子了。我回答说，明天的手术我当然要做，但如果我已经七十岁了，可能会放弃手术。

做手术那年，我五十一岁。我之所以说如果七十岁了就不会选择做手术，是因为我把人生视作了有起点的直线运动，因此即使在七十岁时接受了手术，剩下的日子也不多了，所以我应该会选择不做手术，就这样度过余生。

那位八十岁的父亲，以及给他做手术的儿子显然不这么认为。如果我们把人生视作一幕幕完整的瞬间，那么无论年龄多大，无论以这种方式生活的可能性多大，我们都应该接受手术，因为所谓的"余生"其实并不能量化。

即使生命所剩无几，我们也不应改变自己的生活方式。人终有一死，但无论我们选择自暴自弃还是挥金如土，都无法做到之前做不到的事。

从这位医生那里，我还学到了一点，那就是任何人都无法脱离人际关系。比如，即使父母记不住刚做过的事，不明白自己的处境，甚至认不出家人，这都不会改变他们作为人的价值。家人并不会因此介怀，还会如之前那般对待他们。即使父母去世，留在世间的亲人也依然会思念他们，父母一如既往地活在他们心中。

即使父母

不再认识家人，

也丝毫不会改变

他们作为人的价值。

人生不能拖延

母亲过去常说，等孩子们长大了，她就去旅行，但我成年了之后，她依然这么说。她总是在延迟满足自己的幸福。

早上，母亲总是起得比谁都早，一直做家务到很晚。她只和父亲去过一次国外，但那也并非旅行，而是因为在国外工作的舅舅在事故中去世了。我至今不知道在那段悲伤的旅途中，母亲和父亲交流了什么。

四十九岁时，母亲因脑梗去世。对母亲的离世，我总是深感悔恨。我时常后悔，当母亲说着"等孩子长大了"时，我没有给她旅游的机会，只是笑着回应她"你在说什么呢"。

高中时，教授社会伦理课的老师已经七十多岁了，他经常在课堂上谈论老年人的生活方式。"他们（他并未把自己囊括在内）年轻时只知道赚钱，其他的一无所知。他们也不读书。退休以后，就算身体不方便了，看看书也能让日子好过一点儿，我退休后一定要读年轻时买的书。"

当时，作为一名高中生，我并不能感同身受，却体会到了读书的乐趣。后来，在我高中毕业那年的夏天，那位曾说退休后要读书的老师去世了。能在教师的岗位上倾其一生，老师应该很欣慰吧，但他一定也很遗憾，没能实现退休后看看书的愿望。

这件事让我坚信，想做的事要趁早去做，人生不能拖延。

陀思妥耶夫斯基的小说中有这样一个故事，一名男子在临刑前被特赦，最终免于死刑。当他被判处死刑后，寄希望于当局的形式主义，本以为自己还剩一周的时间，但不曾想程序却意外地缩减了。一天早上，看守将他从睡梦中叫醒："九点过后就要执行了。"

男人想着，万一文件还没准备好呢。但当他完全清醒过来后，想反驳些什么却无语凝噎："虽说如此，这也太突然了……"我被救护车送到医院，被诊断为心肌梗死的那一刻，我的心情亦是如此。

当时，他还并不知道即将获释，却被告知生命只剩下最后五分钟。他决定用两分钟与朋友告别，用一分钟思考自己，用剩下的时间眺望这个世界尚存的风景。然而，免于死刑后，他获得了无穷无尽的时间。此后，他不再计算着每分每秒，而是虚度了许多时光。

虽然刚刚我写道，人生不能拖延，想做的事要趁早，但这并不意味着我们必须生活在令人窒息的紧迫感之中。男人确实虚度了许多时间，但脱离了精打细算的人生也未尝不是一种幸福。

不计算着时间生活，并不等同于得过且过。相反，我们从由钟表计量的时间中解放出来，获得了自由，只有拥有自由，我们才能享受当下的人生。

不计算着时间生活，

便能获得自由；

只有拥有自由，

才能享受当下的人生。

后记

　　父亲去世多年后的一天，我做了一个梦。

　　在梦中，父亲开车出去了。当时快下雨了，我走到车旁问他有没有带伞，却看到离世三十多年的母亲坐在副驾驶上。我已经很久没有梦见母亲了。我愣住了。她的容貌和生前一模一样，还是那么年轻。那个瞬间，我感到此后无须再为父亲担忧了。

　　即便到了如今，我仍会不时地想起父母。我时常回想起父母生前和我说过的话。这些话始终是我内心坚实的力量，激励着我前行。

在照顾父母的那段日子里，我曾因耽误了工作和学习而沮丧，但我从父母那里学到了更多。我很感激有幸成为他们的孩子，并陪伴他们度过最后的时光。

最后，我要感谢幻冬舍的铃木惠美女士，以及 view 企划公司的山本大辅先生，他们认真阅读了我的手稿，并提供了宝贵的意见。

2015 年 10 月

岸见一郎